herbertantoniusweiler.de

Herbert Weiler

Die Wohnmaschine

Essays und Betrachtungen

Bibliografische Information der Deutschen Nationalbibliothek: Die Deutsche Nationalbibliothek verzeichnet diese Publikation in der Deutschen Nationalbibliografie; detaillierte bibliografische Daten sind im Internet über dnb.dnb.de abrufbar.

© 2021 Herbert Antonius Weiler

Herstellung und Verlag:

BoD – Books on Demand, Norderstedt

ISBN: 9783753492285

Die astrologischen Erörterungen in diesem Buch gehen aus vom System der Münchner Rhythmenlehre von Wolfgang Döbereiner

Inhaltsverzeichnis

Die Wohnmaschine	1
Der Nacktmull-Staat	13
Rhetorik des Sachzwangs	21
Das Roboter-Interview	37
Deutsche Stiftung Organtransplantation	45
Der Medienstaat	53
Corona	77
Kaiser Qin	91
Weltgesundheitsorganisation	101
Antarktischer Hirnschwund	111
Raumschiffwelten	119
Atomzeit	147
Vakuumfluktuation	159
Blackrock und Karakorum	169
Qibla	179
Eurotunnel und Brexit	195
Herkunft	201

Die Wohnmaschine

Das Colonia-Haus befindet sich im Norden Kölns. Ein 147 Meter hoher, weithin sichtbarer Wohnturm am Rheinufer aus den 1970er Jahren.
Etwa 1000 Menschen bewohnen heute den Komplex. Das Konstrukt, gedacht als *vertikales Dorf,* galt nach seiner Fertigstellung für einige Jahre als das höchste Hochhaus Deutschlands, zugleich als höchstes Wohnhaus Europas. Bauherr war die Kölner Colonia-Versicherung. So kam der Wohnturm zu seinem Namen. Heute gehört er einer anderen Gesellschaft. Längst finden sich andere markante

Hochhäuser in der Stadt, obgleich keines seiner exponierten Stellung am Rheinufer gleichkommt. Wie kein anderes erscheint das Colonia-Hochhaus als ein Turm am Ufer des Flusses. Mit dem Slogan "Wohnen am Strom" warben die Immobilienhändler in ihren Prospekten.

- Eine poetische Beschönigung angesichts des Konstrukts, das zwar am Strom errichtet wurde, selber aber einem Termitenbau ähnelt und dessen Stapelhöhe und monotone Wiederholung kastenförmiger Wohneinheiten neben dem Fluss wie dahingestellt anmutet.

- Heidegger nannte die technischen Hervorbringungen *Gestell*.

- Zumal das Wohnen in diesem Turm nur mithilfe des massiven technischen Aufwandes der Stahlbaukonstruktion und der Aufzüge und Versorgungsleitungen gewährleistet werden kann. Ohne diese wäre ein Aufenthalt, geschweige ein Wohnen in dieser Höhe nicht möglich.

- Eine unterschwellig lebensbedrohliche Unvereinbarkeit zwischen Innen und Außen.

- Sie wird in konkreter Weise offensichtlich, wenn man in den oberen Stockwerken auf den Balkon tritt - ohne die Prothese des Konstrukts der Wohnmaschine wäre in dieser Höhe kein Aufenthalt möglich. Ein permanentes Spannungsverhältnis zwischen Wohnung und Außenwelt, nur möglich aufrechtzuerhalten, indem der Mensch Teil des Vorgangs der Wohnmaschine wird.

- Ähnlich wie im Falle des deutschen Antarktis-Forschungslabors *Antarktischer Hirnschwund*, bei der dieses Spannungsverhältnis der Unvereinbarkeit zwischen Wohnsituation und Außenwelt in einem Temperaturgefälle besteht, das beim Ausfall der technischen Prothese das Leben aufheben würde, ist es beim Hochhaus die Spannung eines Wohnens in einer Höhe, in der beim Wegfall der technischen Konstruktion ein Verweilen nicht möglich wäre.

- Das Konzept der Wohnmaschine soll von Le Corbusier stammen, sagt man.

- Er nannte es "unites d'habitation" - Wohneinheit oder Einheitswohnung. Das wurde, freilich nicht zu Unrecht, als "Wohnmaschine" interpretiert. Es ging ihm dabei um eine serielle Massenherstellung von Wohnraum. Daher der Vereinheitlichungszwang, der von den Wohnmaschinen ausgeht. Es ist das Modell des Insektenstaats.

- Der Einzelne hat hier kein eigenes Reich, sein Revier hat keine Gestalt und ist dem Wohnkollektiv unterworfen. In der Anonymität der Masse und der seriellen Gleichförmigkeit. Letztlich eine Hotelsituation. Nicht Wenige suchen diese Situation des Vorübergehenden und der Anonymität.

- Hin und wieder trifft man auf Bekannte, die im Hochhaus eine Wohnung bezogen haben. Einen, der als Architekt an verschiedenen, dem Wohnturm ähnlichen Bauprojekten mitgewirkt hatte. Ein anderer, er jobbte als Komparse, hatte unerwartet ein kleines Vermögen geerbt, gerade soviel, dass er auf die Idee kam, dort zwei Appartments zu erwerben, eines um es zu vermieten und das andere, um es selbst zu bewohnen. Seitdem lebt er im Colonia-Haus. Ein weiterer, Angestellter eines Marktforschungsinstituts, hatte vor längerer Zeit eine Dachgeschosswohnung in einem Altbau in der Südstadt erworben. Nach zwölf Jahren war er enge Treppen und Südstadtmilieu leid. Er wollte Veränderung. So zog er in den Wohnturm ein. Das war das Kontrastprogramm. Statt enger Treppen gab es nun geräumige Aufzüge, dafür aber enge Flure. Mittlerweile lebt er in Berlin.

Der Grundstein des Colonia-Hauses wurde am 24.11.1970 gelegt.

Grundsteinlegung Colonia Hochhaus, 24.11.1970, Mittagshoroskop

Das Tageshoroskop zeigt auf der Himmelsmitte Sonne und Neptun in Konjunktion im Zeichen Schütze. Das deutet auf ein Milieu hin, in dem der unmittelbare Lebensausdruck, das Vermögen des Einzelnen, König seines Lebens zu sein, verhindert ist. Merkur in Haus zehn weist dabei auf eine Situation, in der die Bestimmung des Lebens durch die Regelung und die Einzigkeit der Gestalt durch die Vervielfältigung verdrängt werden. Ergänzt wird diese Aussage durch den Sonnenstand auf 2 Grad Schütze, einem Punkt, der nach der Münchner Rhythmenlehre einer Merkur-Pluto-Charakteristik entspricht. Damit die Identitätslosigkeit und Hörigkeit gegenüber den Regelungen und Funktionszwängen des Kollektivs anzeigend. Ein Termitenbau, in dem der Einzelne in Tarnung lebt.

Der Jupiter als Herrscher des Zeichens Schütze in Haus Neun gewährt zwar einem weiten Blick auf die sich fernhin erstreckende Rheinlandschaft, im Zeichen Skorpion verweist er jedoch auf eine falsche, eine gezwungene Fügung. Bestätigt wird die Neigung zu Vereinheitlichung durch die Venus im Spiegel und den Saturn gegenüber im Stier, damit den Gemeinschaftszwang des Betonkomplexes anzeigend.

Venus-Saturn, der Gemeinschaftszwang, und Merkur-Uranus, die Wiederholung, stellen die Rückseite der Saturn-Uranus-Verbindung dar, deren Charakteristik der Unvereinbarkeit auf diese Weise chronisch gegeben ist.

- Sie erscheint als konkrete Unvereinbarkeit des Höhenunterschieds. Eine Stockung zwischen Innen und Außen. Wenn man an die Betonbrüstung tritt und gewahr wird, dass man sich in über 100 Metern Höhe befindet, ändert dies das Verhältnis zur Umgebung. Man kann nicht einfach nach draußen gehen und auf die Straße treten. Kein Übergang. Das ist die Stockung.

- Der Neptun am Medium Coeli kommt aus Haus zwei und betrifft damit das Revier. Die Auflösung eines eigenen Reviers des Einzelnen wird damit bestimmend.

- Es ist ja auch eine permanente Beunruhigung. Mal abgesehen von der letztlich revierlosen Uniformität des Wohnens bewirkt der Höhenunterschied eine stetige, mehr oder weniger unterschwellige Beunruhigung. Das ist die Revierunsicherheit schlechthin. Ein Spannungsgefälle ist immer beunruhigend. Vermutlich deswegen gehört die Höhenangst zur Symptomatik der Saturn-Uranus-Verbindung, es ist die Angst vor der Entladung der Spannung des Gefälles des Höhenunterschiedes.

- Neben einer Gasflasche, die unter Druck steht, ist auch nicht gut ruhen. So etwas zehrt.

- Neptun steht mit der Sonne am höchsten. Und so ist es gerade die Höhe, die das Revier unsicher macht.

- Nun ging es ja beim Colonia-Haus um die Höhe. Der Wassermann am AC möchte sich mit Mond-Uranus aus den Niederungen des Dualen erheben.

- Es erinnert an die griechischen Säulenheiligen. So gesehen ein ähnliches Motiv.

- Merkur-Uranus zeigt die Hotelsituation an. Kein Reich, keine wirkliche Niederlassung, die Bewohner sind mehr oder weniger Gäste. Sie sind im permanenten

Zwischenzustand. Und die Haustechnik kümmert sich um alles. Der Turm der nicht vollzogenen Entscheidungen.

- Man kann schon recht weit schauen von den oberen Etagen. Unten der Rhein, im Süden in der Ferne das Siebengebirge, im Osten, auf der anderen Seite des Flusses, das Bergische Land. auch das Starten und Landen auf dem Flughafen Köln-Bonn ist zu verfolgen.

- Bei heftigem Wind schwankt das Gebäude merklich.

- Man gewöhnt sich daran.

- In den oberen Etagen versuchen manche Eigentümer die Nachbarwohnungen zu erwerben. Sie lassen dann die Mauern einreißen und legen die Apartments zusammen. Das ist nur von einer gewissen Höhe an möglich, da in den unteren Etagen zu viel Druck auf den Mauern lastet und bauliche Veränderungen die Statik gefährden würden.

- Der Blick geht so weit, berichtet eine Bewohnerin in einer Dokumentation des Lokalfernsehns, dass sie, während sie mit ihrer Freundin in der Nachbarstadt telefoniert, den dort aufziehenden Regen erkennen kann, lange bevor die ersten Tropfen fallen.

- Der Nachtfahrer, von dem ein Freund erzählt und den er kannte, wohnte in einem der oberen Stockwerke. Er fuhr sein Taxi vom frühen Abend bis zum Morgen. Dann ging er zum Schlafen in sein Apartment im Colonia-Hochhaus. Als Nachtfahrer hatte ihn der Vater des Freundes, der ein Taxiunternehmen führte, in den 1980er Jahren eingestellt. Die Wohnung im Colonia-Hochhaus war gewissermaßen das Pendant zu seinem Job. Vierzehn Stunden saß er in

seinem Taxi. Dann schlief er tagsüber im Wohnturm. Ihm war die typische Wortkargheit der Kölner Taxifahrerzunft zu eigen, mit der er redselige Fahrgäste schonungslos brüskieren konnte. Meinte der Fahrgast über das Ziel hinaus noch ein paar erläuternde Angaben machen zu müssen, wurde er mit knappen Bemerkungen, wie: Alles klar, keiner weiß Bescheid, beschieden. Dann fuhr der Nachtfahrer los und verlor kein einziges Wort mehr.
Um ein Zuverdienst zu haben, ließ sich der Freund, der an der Kunsthochschule studierte, in das Gewerbe seines Vaters einführen, Den Nachtfahrer bat man, ihn mit diesen nächtlichen Fahrten bekannt zu machen. Denn diese waren nicht ohne Risiko und es bedurfte der Unterweisung.
So saß er auf eine Weile als Lehrling auf der Rückbank und schaute dem Nachtfahrer zu. Nachts stiegen oft erlebnishungrige Messegäste ein. Der Nachtfahrer fuhr dann zu den einschlägigen Bars und Etablissiments, wo er meist eine Provision erhielt. Einmal zeigte er ihm, wie man einen betrunkenen Fahrgast, der das Taxi nicht verlassen will, mit einer Bewegung über ihn hinweg. zum Griff der Beifahrertür, verbunden mit dem Spruch: Steijen sie bitte aus!, und einem gleichzeitigen seitlichen Stoß mit der Hüfte hinausbefördert.
Auf einer dieser Lehrtouren bemerkte er mal, nach etwas längerem Schweigen: "Jürjen, es gibt Krieg " . Wie? "Wenn isch dir dat sage!".   Er sagte: "Kriesch".

Stets war er perfekt frisiert. Vom damaligen Kölner Fußballclub- und Prominentenfriseur. Man kannte sich. Dazu trug er teure Freizeitkleidung und Schuhe aus weichem gelben Leder.
Einmal hatte der Freund ihm eine Mappe zu übergeben, Buchhaltungsunterlagen für die Behörden. Seine Frau hatte gerade ein Töchterchen zur Welt gebracht. Das

Apartment befand sich im sechsunddreißigsten Stockwerk, im oberen Viertel des Turms.
Er bat hinein in die mit Chrom, schwarzem Leder und hellbeigem Teppichboden ausgestattete Wohnung.
Nur kurz ging man auf den Nachwuchs ein. Dann wandte er sich den Fenstern zu. Tief unten erstreckte sich das Land mit dem Rhein nach Süden hin. Das Siebengebirge lag in der Ferne. Der Flughafen Köln/Bonn, schien ihn am meisten zu begeistern. Mit ausholenden Armbewegungen führte er vor, wie man den Maschinen beim Starten und Landen zusehen könne.

- Das war das Bemerkenswerteste?

- Der Flughafen ist immerhin zwanzig Kilometer entfernt, und von der Höhe des Turms, aus der Totalen einer solchen Entfernung, hat es eine Anschaulichkeit, dem Treiben zuzusehen. Freilich ist es auch das Wohnen im sechsunddreissigsten Stockwerk der Wohnmaschine, dass eine solche Affinität mit sich bringt.

- Die Wohnmaschine steht nicht in der Landschaft. Sie ist nur hingestellt. Kein Ort. Wer dort nicht wohnt kennt die Gegend nur von Weitem. Um das Bauwerk herum ist es öde. Zum Rhein hin eingerahmt von Betonwegen und Anlagen, Ein Terrain für Jogger, die hier unvermeidlich sind. Auf der anderen Seite die Stadtautobahn und andere kleinere, langweilige Gebäude.
Da geht man nicht gerne spazieren. Ein isolierter Komplex für Auto und Tiefgarage.

***

Der Nacktmull ...
Das Säugetier lebt in Gemeinschaften mit einer Königin, die ein dominantes Männchen, einen Pascha an ihrer Seite hat und einen Staat von Arbeiterinnen und Arbeitern anführt. Im Jahr 1980 wurde entdeckt, dass der Nacktmull die einzige sogenannte eusoziale Säugetierart ist.

"Es gibt eine Königin und es gibt einen Pascha, und alle anderen sind nicht fruchtbar und müssen dieser Königin helfen beim Kinderkriegen und beim Regieren."(...)
Dann muss diese Königin – oder potenzielle Königin – relativ viele Artgenossen umbringen. Es kommt zu erheblichen Todesfällen bei dieser Palastrevolution. Das ist ein Phänomen, was man so auch nicht aus dem Säugetierbereich kennt, es ist also sehr, sehr blutig. Thomas Hildebrandt, Nacktmull-Forscher

Die Königin kann im Laufe ihres langen Lebens bis zu 1.100 Nachkommen gebären. Geht alles gut und hat sie ihre Untertanen nebst Pascha fest im Griff, kann sie über einige Jahre hinweg einen Staat von bis zu 300 Individuen anführen. Solch eine Königin kann potenziell jedes weibliche Tier werden. Weibchen sind, wie Reinhardt es erklärt, sozusagen in einem inaktiven Zustand, der aktiviert werden kann, wenn die bis dahin regierende Königin stirbt oder abgesetzt wird. Doch der Weg zur Spitze des Nacktmull-Staates ist grausam.

Auszug von der Webside des Bayerischen Rundfunks, *BR Wissen*

Der Nacktmull-Staat

Der Nacktmull lebt in Kolonien unter der Erde in den Halbwüsten im Osten Afrikas. Er ist das einzige Säugetier, dessen Vertreter einen Staat bilden ähnlich den Insektenstaaten der Termiten, Bienen oder Ameisen.

Wie die Sozialsysteme der Insekten stellen auch die Staaten der Nacktmulle einen matriarchalischen Zentralstaat dar, an dessen Spitze die Königin steht, ein Weibchen, das, wie bei den Insektenstaaten, auch im Falle der Nacktmulle als einziges geschlechtsreif ist.
Bei allen anderen Weibchen des Kollektivs bleibt die Geschlechtlichkeit hormonell unterdrückt, sie stellen mehr oder weniger geschlechtsneutrale Arbeiter dar.
Ebenso verhält es sich bei den Männchen, nur einige wenige ausgesuchte männliche Vertreter dürfen die Königin begatten. Nach der Paarungsphase altern diese jedoch und sterben.

Der Nacktmull ist nahezu blind und hat kein Fell. Daher gab man ihm den Namen.
Mit seinen großen Grabzähnen, die ein Leben lang nachwachsen, gräbt er weitverzweigte unterirdische Gänge in den harten Wüstenboden seines ostafrikanischen Lebensraums.
Nachdem er entdeckt worden war, nannte ihn der britische Naturforscher Wallace *an extraordinarily ugly species.*

Der Nacktmull,
Foto: Roman Klementschitz

Das Königinweibchen, das erheblich größer und vor allem länger ist als die anderen Mulle, ist sehr aggressiv, Es bedroht und beißt fortwährend die zu seiner Pflege abgestellten Geschlechtsgenossinnen in seiner Nähe. Diese ständige Bedrohung soll, so eine Erklärung, verantwortlich sein, für die hormonelle Verhinderung der Geschlechtsreife bei den anderen Weibchen.

Ein besonderes Merkmal der Nacktmulle stellt ihr mangelndes Schmerzempfinden dar: zwar registrieren sie Stiche und andere Verletzungen, nehmen diese aber weniger oder gar nicht als schmerzhaft wahr.
Die Grabarbeit in den Gängen ähnelt der Koordination eines Fließbandbetriebs: Der Auswurf der grabenden Arbeiter wird an die hinteren weiter gereicht und so fort um schließlich vom letzten an die Oberfläche geworfen zu werden. Es gibt Ammen, Arbeiter und Soldaten, je nach Lebensphase.

In den tiefen unterirdischen Gängen des Nacktmull-Staats ist der Sauerstoffgehalt gering. Die Mulle gleichen den Mangel aus, indem ihr Blut besonders viel Sauerstoff anreichert. Auch muss der Nacktmull nicht trinken, seine Nieren sind sehr effektiv und es genügt das Wasser, dass er der pflanzlichen Nahrung entnimmt. Da diese Nahrung wenig Nährstoffe enthält, hilft ihm eine spezielle Darmflora, die Zellstoffe der Pflanzen aufzuspalten.
Bei all dem wundert es, dass der Nacktmull mit bis zu 28 Jahren sehr alt wird im Vergleich zu anderen Nagetieren von ähnlicher Größe, wie es bei Wikipedia heißt.

Anders als im Falle der Insektenstaaten, bei denen das gesellschaftliche Kastensystem vorgegeben scheint und sich gleichsam wie von selber entwickelt, die daher auch als ein Organismus betrachtet werden können, fällt beim Nacktmull-Staat der kollektive Zwang und die aktive Unterdrückung der geschlechtlichen Entwicklung der Individuen, zum Zwecke der Staatserhaltung ins Auge.

Entdeckt und der Öffentlichkeit bekannt gemacht wurde der Nacktmull durch den deutschen Naturforscher Eduard Rüppell.
Seine erste Beschreibung der zuvor dem Wissenschaftsbetrieb und der medialen Öffentlichkeit unbekannten Tiere aus der äthiopischen Region Schoa wurde im Jahre 1842 den zoologischen Fachkreisen präsentiert. Einige glaubten nicht an die Existenz dieses Tieres, unterstellten gar Betrug und vermuteten, es handle sich um neugeborene Exemplare einer anderen Art. Rüppells Entdeckung bestätigte sich jedoch und fortan lautete der wissenschaftliche Name *Heterocephalus glaber*.

Eduard Rüppell wurde am 20. November des Jahres 1794 in Frankfurt am Main geboren.

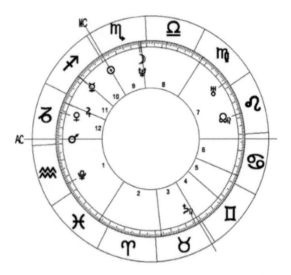

Eduard Rüppell, 20. November 1794, Frankfurt am Main, Mittagshoroskop

Sein Mittagshoroskop zeigt einen Aufgang auf 27, 1 Grad Steinbock mit einem Sonnenstand von 28, 4 Grad Skorpion auf der Himmelsmitte.
Wiewohl eine Reihe von Tiergattungen und Pflanzenarten nach Eduard Rüppell benannt sind, wurde er bekannt durch die Veröffentlichung seiner Erstbeschreibung des Nacktmulls.
Er war zu diesem Zeitpunkt 48 Jahre alt und überschritt damit im Siebener-Rhythmus die Achse des sechsten Hauses auf 4 Grad Krebs.

Da der Mond in Konjunktion mit Neptun direkt auf der Achse des neunten Hauses steht, ist die Mond-Neptun-Konjunktion mit dem ihr entsprechenden Thema der Geschlechtsangst und der geschlechtlichen Unterdrückung unmittelbar mit 48 bei Wechsel des Sieben-Jahres-Rhythmus ausgelöst. Ohnehin noch verstärkt durch die Mond-Neptun-Charakteristik von 4 Grad Krebs.

Da das Zeichen Krebs Haus Sieben beherrscht und der Löwe dort eingeschlossen ist, wird hier gleichsam das Bild der geschlechtlichen Unterdrückung öffentlich. Dies anhand des Nacktmull-Staats, in dem Männchen und Weibchen in geschlechtlicher Neutralität als Arbeiter fungieren, mit einer Matriarchin an der Spitze, die als Einzige Nachkommen zur Welt bringt und die bissig die Weibchen in ihrer Nähe bedroht und in Unterwerfung hält. Und dies um des Staates willen, der hier mit Sonne am MC und Saturn am IC im Stier und dem Pluto im Quadrat als Ägyptische Gefangenschaft, als Regelungszwang im Dienste des Kollektivs angezeigt ist. Münchner Rhythmenlehre

Das Bild, das Rüppells Entdeckung der Nacktmull-Staaten in der Zeit der industriellen Gründerphase vermittelte. ist das des Industriestaates, nicht zuletzt angesichts der koordinierten Grabtätigkeit der Tiere, die wie Fließ-bandarbeit anmutet.

- Das hohe Alter der Nacktmulle soll im Zusammenhang mit ihrer speziellen Darmflora stehen. Man will gewisse

Übereinstimmungen festgestellt haben mit der Darmflora der über Hundertjährigen auf der Insel Okinawa, deren Bewohner für ihr hohes Alter bekannt sind.

- In Rüppells Tageshoroskop steht der Mars auf dem Aszendenten, er wandert also immer mit.
Die Mond-Neptun- Auslösung mit 48 löst daher nicht nur Sonne-Saturn-Pluto mit aus, da diese im Spiegel stehen und ebenfalls auf der Häuserachse, sondern auch der Mars ist dabei. Das wirft einen verschärften blick, auf die Verhaltnisse im Nacktmullstaat, Es muss dort viel schwelenden Ärger geben.

- Das Bild bestätigt die Anschaulichkeit des Mittagshoroskops, gerade bei Personen, deren Name mit einer Entdeckung, einer Neuerung oder einer Strasse verbunden ist.

- Rüppells Entdeckung der Nacktmulle mit ihrer rüpelhaften Königin und ihrer insektenstaatartigen Sozialisation wurde zunachst bezweifelt. Man hielt die nackten Mulle für noch haarlose neugeborene einer anderen Nagetierspezies. Zu unwahrscheinlich erschien die Existenz dieses Tieres.

- Noch vor Jahrzehnten war der Nacktmull und sein Staatsgebilde ausserhalb der Fachwelt kaum bekannt. In den 1980er Jahren brachte eine Wochenzeitung einen ganzseitigen Bericht mit Fotos, eine Erzählung über eine Kuriosität, damals.

- Heute ist der Nacktmull im Internet in ähnlicher Weise publik wie etwa Cordyceps, der Ameisen-Zombie-Pilz, eine andere zoologische Erzählung, die, wie auch die des

Nacktmulls, auf mannigfaltige Weise Eingang in die Popkultur gefunden hat.

***

Tatsächlich erleben wir, scheinbar durch rein zwangsläufige Verkettungen, eine sich ständig verschärfende Beschlagnahme des Individuums und seiner gesellschaftlichen Formen durch den Staat.

Ernst Jünger, Der Arbeiter,

Rhetorik des Sachzwangs

Die Rhetorik der deutschen Bundeskanzlerin Angela Merkel wird oft assoziiert mit dem Begriff der Alternativlosigkeit, den sie einst, zu Beginn ihrer Kanzlerschaft, und später wiederholt im Regierungsgeschäft geltend zu machen versuchte. Er brachte ihr den Vorwurf eines mangelnden Demokratieverständnisses ein.

Unter den rhetorischen Mitteln hebt sich die Aussage, ein Vorgehen sei alternativlos, durch die Rigidität und die damit, freilich erst in zweiter Linie, verbundene Anmaßung des Herrschaftswissens hervor, mit der Einwände für nichtig erklärt werden.
Die Unanfechtbarkeit der Position soll hierbei nicht durch die Autorität der Person legitimiert werden, noch durch die Darstellung volksnaher Hemdsärmeligkeit, wie in den basta-Reden des vorhergehenden Kanzlers, sondern durch den Verweis auf eine unausweichliche, sachliche Notwendigkeit.

Die Autorität des Fürsten früherer Zeiten ist hier letztgültig durch die Autorität des Sachzwangs ersetzt. Ihre Vertreter sehen sich als Verwalter des Sachzwangs, ihre Qualifikation beziehen sie aus der besonderen Kenntnis der Sachlage und ihrer Kausalität.

In einer Empfehlung an die Vorinstanzen der sich nach dem zweiten Weltkrieg gründenden Bundesrepublik spekulierte der frühere Spionage-Leiter des Nazi-Staats und spätere Chef des BND, Reinhard Gehlen, über eine künftige Strategie, wie dem Volk politische Entscheidungen zu vermitteln seien.
Politik, die von einer Autorität der Person ausginge, so Gehlen, würde nach den Katastrophen der beiden Weltkriege von der Bevölkerung nicht mehr angenommen. Unliebsame Entscheidungen seien unter dem Verweis auf die Autorität der politischen Führungspersonen kaum mehr durchzusetzen.
Es gelte daher diese, um in der Demokratie die Zustimmung des Volkes zu erzielen, durch den Zwang in der Sache zu begründen, - die Autorität der Person sei durch die Autorität des Sachzwangs zu ersetzen.
Das ist die *Freiheit als Einsicht in die Notwendigkeit* Hegel.

Diesem neuen Verständnis der Politik als Verwaltung einer Sachzwangmechanik, gleichsam einer Maschinenbedienung, entsprach dann auch ein Zeichentrickfilm als Wahlwerbung, in der Konrad Adenauer, der erste Kanzler der neuen Bundesrepublik, als kompetenter Ingenieur am Schaltpult einer Industrieanlage dargestellt wurde dabei von rot bemützten Wichteln belästigt, von deren Treiben er sich nicht beirren lässt.

Indes bringt die Autorität des Sachzwangs, vertreten von den Experten der Sachlage, eine neue Art von Herrschaft mit sich, die der *Diktatur der Ingenieure*.

Bereits nach dem ersten Weltkrieg hatte sich in den USA die *Technokratische Bewegung* gebildet, in der man vorschlug, an Platons politischer Philosophie anlehnend, Ingenieure hätten die Leitung des Staates zu übernehmen. Nur sie seien in der Lage das Ineinandergreifen der Räder der politischen Kräfte zu verstehen und zu handhaben. Schon Hobbes hatte in seinem *Leviathan* den Staat als Maschine bezeichnet.

Tatsächlich werden in einem solchen Verständnis der Politik keine Entscheidungen mehr getroffen, da der Politiker nurmehr Walter der Umstände sein kann, dessen spezifische Eignung sich aus der besonderen Kenntnis der technischen Kausalitäten herleitet.

Seine Einsichten und Handlungsmaxime sind der Bevölkerung nur als Ergebnisse mitteilbar, da die Qualifikation des technischen Verständnisses den Ingenieuren vorbehalten ist.

Eine politische Rhetorik, die von mechanischen Kausalitäten geprägt ist, muss von einem letzthin unbeeinflussbaren Geschehen ausgehen. Sie erzeugt Handlungslähme. Der freie Wille kann darin nur eine statistische Größe darstellen. Und sie kann folgerichtig nur die Alternativlosigkeit des Sachzwangs unterstreichen.

—

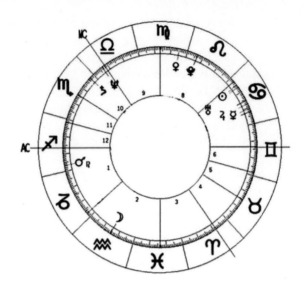

Angela Merkel, 17. Juli 1954, 17:56h, Hamburg

Die Kanzlerin der Bundesrepublik seit 2005, Angela Merkel, wurde am 17. Juli 1954 geboren, bei einem Sonnenstand von 24° Krebs, in Konjunktion mit Uranus.

Merkels Sonnenstand wird im astrologischen System der Münchner Rhytmenlehre als Punkt des Milieuwandels und des Nestbaus definiert.
Der Herrscher Mond steht im Wassermann im zweiten Haus. Dieses, angeschnitten vom Steinbock, wird beherrscht von Saturn in Haus Zehn.
Das Nest, als Ort der seelischen Niederkunft, ist hierbei gleichermaßen gemaßregelt wie beunruhigt.

Die Konjunktion von Sonne und Uranus verweist auf eine Situation zur Zeit der Geburt, bei der Neptun, das Prinzip, verdrängt ist. Die Sonne-Uranus-Verbindung fordert auf, dieses, entgegen der Überlagerung durch das Milieu, zum Ursprung kommen zu lassen.

Bei Merkel, mit Neptun in Zehn in der Waage, aus dem dritten Haus stammend, wäre dies die Infragestellung des Wissenschaftsstaats und seiner Regelungen um der Gegenwart der Gestalten willen, die so ihren Ort finden könnten.
Sofern sie, als Naturwissenschaftlerin und promovierte Physikerin für Mechanische Physik, sozialisiert im Lande des Dialektischen Materialismus, und als derzeitige Kanzlerin der BRD, diese Gegenwart nicht zulässt, steht Sonne-Uranus auf 24° Krebs im Horoskop einer Volksvertreterin für die Aufhebung der Orte als Heimat des Gewachsenen.

Von Kritikern wird ihr diese *Entheimatung* W. J. Patzelt vorgeworfen. Allein zeigt die öffentliche Handhabung des Begriffs *Heimat*, wie auch der *Identität*, bereits deren Verlust an.
Oft werden diese Begriffe aus einem Lager geltend gemacht, wo der Wolf bereits Rotkäppchens Großmutter verschlungen hat und sich als diese ausgibt. Das ist dort der Fall, wo die gewachsene Gestalt verwechselt wird mit einer Identitätsbildung durch Tradition und völkisches Kollektiv, in dem die Ideologie im Gewand und als Vertreterin des Althergebrachten auftritt, als Ersatz für die verlorene Bestimmung.
Es ist jene Ursprungslosigkeit, die Ursprünglichkeit Uranus als Form Pluto zu fassen versucht, entsprechend dem Bild der Pluto-Uranus-Verbindung, so etwa im Begriff der

Leitkultur, der das Gewachsene der Kultur, zur Form machen will und sie damit ausschließt.

Eine maßlose Verschärfung ideologischer Fronten hat sich dabei im Zuge des mundanen Pluto-Uranus-Transits eingestellt, bei der ein Dialog kaum mehr möglich scheint.

In einer bislang nicht dagewesenen Weise beherrschen Parolen und Zeichen das öffentliche Gespräch, das in einer erstaunlichen Aufgeladenheit geführt wird und in dem jede verständige, inhaltliche Äußerung wechselseitig dem einen oder anderen Lager zugeordnet, etikettiert und jeweils geächtet wird.
Der Begriff der Identität kann sich nur auf das Individuum beziehen. Gleich dem der Freiheit. Weder über Zugehörigkeit noch über Eigenschaften ist sie definierbar. In der Bewegung, in der Verausgabung erweist sie sich. Der Dornbusch, der brennt und nicht verbrennt. Sie ist keine Eigenschaft, sondern die Quelle der Eigenschaften. Kein So-Sein, sondern die Quelle des So-Seins. Der Versuch Identität zu definieren oder durch Identifikation zu bilden, bezeugt bereits ihren Verlust, ähnlich wie im Falle der Leitkultur.

Identität bedeutet eigener Anfang. <small>Romano Guardini</small> Der Anfang aus dem Nichts. Damit die Identität des Gewachsenen. Sie erkennt die Gestalten und wird von ihnen erkannt.

Die Heimatlosigkeit der Sonne-Uranus-Konjunktion auf dem Mileuwechsel- bzw. Nestbaupunkt, mit Uranus aus

Haus zwei kommend, wird im Umzug der Familie deutlich, wenige Wochen nach Merkels Geburt von Hamburg nach Perleberg in der DDR, wo Merkels Vater, ein protestantischer Pfarrer, eine neue Stelle annahm. Der Fremdheit eines religiösen Elternhauses in der DDR folgt eine angestrebte Karriere im ideologisch opportunen Wissenschaftsbetrieb.

Freilich stellt Merkels Wirken eine Entwicklung dar, die in einem Gemeinwesen bereits angelegt ist, welches sich aus der Vorstellung des Individuums als Funktion der Gemeinschaft und seiner Regelbarkeit konstituiert, seiner Herauslösung aus gewachsenen Beziehungen und seiner Isolierung in der Masse zur Verfügbarkeit der Industrie.

Bei einer Geburtszeit von 17:55 Uhr in Hamburg befindet sich Merkel, nach der Münchner Rhythmenlehre, mit 61,3 Jahren - über das Zeichen Stier, welches die neunte Siebener-Phase beherrscht - in der Auslösung der Venus.

Diese steht im Spiegelpunkt zum Neptun in der Waage am MC, der zur Zeit, ein bis zwei Jahre vor Phasenende akut ausgelöst ist. Zugleich ist die Venus-Neptun-Konstellation in der Gegenbewegung über die Venus im achten Haus angesprochen.
Die Handlungs- und Revierlähme der Venus-Neptun-Uranus-Vebindung, die sich in Merkels Aufhebung kontrollierter staatlicher Reviergrenzen ausdrückt, *"Es gibt keine Grenzen", "Es gab keine Alternative dazu, die Grenzen zu öffnen"* FAZ, 11.10.2015 wird von ihr mit dem Neptun in der Waage am MC, als Diktat der offenen Tür vertreten.
Die Pflicht, Asyl zu gewähren - die einige Zeit zuvor noch in rechtlich strittiger Weise missachtet wurde, nämlich im

Falle des Whistleblowers Edward Snowdon, dem in den USA die Todesstrafe droht, und dem man trotz seiner Bitte kein Asyl gewährte - wurde von Merkel nunmehr im Sinne einer unkontrollierten Einwanderung als unausweichlich dargestellt, nicht ohne den stets am Schluss der Beteuerungen angefügten Verweis auf den demographischen Nutzen der Zuwanderung.
Ein Kalkül, welches verschiedentlich als moderne Form des Kolonialismus H.M.Broder gedeutet wurde.

Die Sonne-Uranus-Konjunktion an der Spitze des achten Hauses auf 24° Krebs deutet bei Schütze am Aufgang mit dem Jupiter in Haus Sieben einen Zwang zur Vereinheitlichung an. Indem sie der CDU die politischen Positionen der SPD und der Grünen zu eigen machte, schuf sie gleichsam eine Allpartei, in der alle gemäßigten politischen Positionen vereint scheinen.
Die Unvereinbarkeit wird indes zur Erscheinung im Auftauchen einer neuen Partei, der AFD, die sich, mit beträchtlichem Erfolg, dem konservativen Klientel anzudienen versucht.

Die Konstellation von Neptun und Jupiter weist nach der Münchner Rhythmenlehre auf die Lücke von Uranus und Saturn hin. Ein Bruch wurde nicht vollzogen und eine Unvereinbarkeit im Zwang der Vereinheitlichung verdrängt. Wobei der mittlerweile fast vergessene Gründer jener Partei sinnigerweise den Namen Lucke trägt.

Es kommt hinzu, dass Merkel mit der Bewegung des Sonnenstandes von einem Grad pro Jahr mit dem einundsechzigsten Lebensjahr den Grad von 25 Jungfrau erreicht, dessen Charakteristik der einer Verbindung von Uranus-Neptun und Venus-Neptun entspricht. Die

Revierangst von Venus-Neptun wird hierbei zur Angst, Grenzen geltend zu machen was letztlich zur Handlungslähme von Uranus-Neptun im Sinne der Ausgeliefertheit an das Geschehen wird.
Zugleich tritt Merkels Sonnenstand mit der gleichen Bewegung in der Gegenrichtung in den Orbis des Mars im ersten Haus, der sich auf 26° Schütze befindet, der vom Jupiter im siebten Haus im Krebs beherrscht ist und der die Handlungslähme zur moralischen Aggression werden läßt - Moral als starker Partner.

Der Uranus im siebten Haus, in Konjunktion mit der Sonne, ist beherrscht vom Wassermann im zweiten Haus, der dazu im Quadrat stehende Neptun, vom Fisch im dritten Haus.
Die Infragestellung eines mechanisch-deterministischen, naturwissenschaftlichen Weltbildes durch Wassermann und Fisch im ersten Quadranten, wird nicht zugelassen, stattdessen wird die Ausgeliefertheit an Determinismen und die damit verbundene Identitätslosigkeit im siebten Hause zur öffentlichen These der Politik.

Merkel pflegt bei ihren öffentlichen Auftritten den Duktus einer anti-eloquenten, teils skrupellos infantilen Sprache:
"Ich glaube ganz, ganz fest, dass wir es schaffen", mit der Türkei müsse man verhandeln, *"...auch wenn es den Kurden in der Türkei nicht so gut geht"*. ARD, 7.10.2015.
"Zur Identität unseres Landes, gehört es Größtes zu leisten" FAZ, 14.12.2015
In Momenten da sie sich abseits der öffentlichen Präsenz wähnt, kann sie jedoch unvermutet Eloquenz, Schärfe, Ironie und Komplexität in der Rede zeigen.

Die Schlichtheit der öffentlichen Rede scheint Strategie - sie schließt aus und schottet ab. Tatsächlich offenbart sie im Gestus persönlicher Bescheidenheit eine Überheblichkeit, in der der geforderte Dialog, mit Mars aus Haus Eins, der mit dem Jupiter nach Sieben geht, verweigert wird - die sich aber auch durchaus unverhohlen kundtun kann, etwa in der Drohung Merkels, im September 2015 gegenüber Kritikern ihrer Politik, das Land nicht mehr als das ihrige zu betrachten - „*... wenn wir jetzt anfangen, uns noch entschuldigen zu müssen dafür, dass wir in Notsituationen ein freundliches Gesicht zeigen, dann ist das nicht mein Land*" ZDF, 15.9.2015 - für eine vom Volk gewählte Vertreterin ergäbe dies die Konsequenz des Rücktritts - bei Merkel nimmt es sich aus, als müsse das Volk zurücktreten.

Brecht fragte einst an, nachdem die DDR-Regierung ihre Unzufriedenheit mit dem Volk proklamiert hatte, ob sich eine Regierung dann nicht besser ein neues Volk suche.

Die Gemütsbetonung der Rede umkleidet indes eine Rigidität, die sie zu dem begrifflichen Fauxpas der "Alternativlosigkeit" verleitete, der nach wie vor den Hintergrund ihrer Rhetorik zu bilden scheint.
Ähnlich wie dem Betreiben, Elternschaft mittels wirtschaftlicher Nötigung und staatlichen Angeboten aus der Erziehung der Kinder zu drängen, kann darin eine seitens des Staats betriebene Vereinheitlichung in Form einer Neutralisierung gewachsener Verbände gesehen werden, der es angelegen scheint, das Individuum seiner unmittelbaren, gewachsenen Beziehungen und Gemeinden zu entheben, es zu isolieren und einer immer umfassenderen staatlichen Regelbarkeit zu unterwerfen.

Entsprechend basiert auch die öffentliche Rhetorik zur Frage der Grenzöffnung nur vordergründig auf der Betonung der Hilfsbereitschaft, letzthin aber auf dem Nutzen für die Sozial- bzw. Industriegesellschaft.
Zumal die Hilfe am Ort der Not, nämlich in den Flüchtlingscamps der angrenzenden Länder unmittelbar zuvor reduziert worden war. Im Sommer 2015 hatten die EU-Staaten die Hilfe für syrische Flüchtlinge in den angrenzenden Ländern Libanon und Jordanien drastisch gekürzt, so auch die BRD, die ihre Hilfe von 301 auf 145 Millionen reduzierte telepolis 25.9.2015 / süddeutsche 24.9.2015

Ein weitere Entwicklung, die zu jener Zwangslage der mehreren tausend Flüchtlinge führte, die in Budapest festsaßen und denen geholfen werden musste, die dann hinterher, als unausweichlich dargestellt wurde, lag in der Weigerung, die Länder der EU-Außengrenzen auf dem Balkan zu unterstützen in ihrem Begehren, die Grenzsicherung zu disziplinieren. Das hätte durchaus einer Kontinuität der vorherigen politischen Haltung Merkels entsprochen.

Es hätte Merkel aber, die schon wegen der ablehnenden Antwort gegenüber den Tränen eines um Aufenthaltserlaubnis bittenden palästinensischen Mädchens beim TV-Auftritt scharf angegangen und in der Presse als *Eiskönigin* tituliert worden war, in einen innenpolitischen Konflikt gebracht, den sie nicht gewillt war auszutragen. Stattdessen wechselte sie die Haltung zur Asylpolitik und übernahm die Position des oppositionellen Lagers.
So erscheint es, als wolle sie sich alle politischen Polaritäten zu eigen machen, aufheben und vereinheitlichen.

Anschaulich wird dabei, wie die Vermeidung eines Konflikts und einer unpopulären Entscheidung die Zwangslage nach sich zieht (so dargestellt unter der Absatzüberschrift *Konfliktvermeidung als politisches Ziel* in der FAZ).

Dem Staat, im Selbstverständnis der Regelung, ist das Gewachsene, Eigenständige suspekt. Eine eher föderative gesellschaftliche Organisation, in der kleine Verbände in unabhängiger Bewegung größere Verbände bilden, Verbände von Verbänden, die im dialogischen Verhältnis zueinander stehen, trachtet er zu neutralisieren zugunsten eines Verhältnisses von Masse und Staat, in der durchregelten Massengesellschaft.

Der völkische Nationalismus, die Gleichsetzung von Volk und Staat wurde im Zuge der französischen Aufklärung durch Rousseau initiiert, der, im Sinne seines Zurück zur Natur, das Volk als die vorzuziehende, natürliche Identifizierung proklamierte, gegenüber der Gemeinschaftsidentifizierung durch Adelsherrschaft und Religion. Damit war der Weg in eine letztlich biologistisch-völkische Determination des Menschen vorgegeben.

Ernst Jünger verglich einst die historische Entwicklung, vom föderativen Feudalismus des Reichsgedankens hin zum Absolutismus, mit dem Wandel des Waldes vom alten gewachsenen Mischwald zur durchregelten Monokultur, die nicht ohne Grund unter der preußischen Hegemonie durchgeführt wurde.

Die einst offene, nunmehr eher verdeckte Rhetorik der Alternativlosigkeit eines ohnehin bestehenden Sachzwangs entspricht der deterministischen Grundhaltung eines wissenschaftsgläubigen Weltbildes, Wolfgang Döbereiner weist auf diesen Zusammenhang im *Kaleidoskop* der Webseite der Münchner Rhythmenlehre hin.

Eines Weltbildes, welches in der biologistischen, letztlich physikalistischen Mechanik, im Sinne von Descartes Begriff des Universums als Ideale Maschine, die Möglichkeit der grundlegenden Determination von Allem erblickt.

Merkel, die in der DDR als Physikerin promovierte, hatte sich zur offiziellen Feier ihres 50. Geburtstags einen Vortrag des Neurologen Wolf Singer gewünscht, der vor der versammelten Geburtstagsgesellschaft im Konrad-Adenauer-Haus seine Lehre vom neurologischen Determinismus und von der Illusion eines freien Willens proklamierte.

Tatsächlich scheint es das zu sein, was den regierungsamtlichen Duktus des Merkel- Kabinetts auszeichnet: die Beschwörung eines Sachzwangs, wie sie bislang noch von keiner Regierung der BRD vorgetragen wurde.

Dies war jedoch bereits von der vorherigen Regierung unter Schröder angelegt, der die politische Entscheidungsfindung auf Experten-Gremien zu verlagern suchte, und dem deswegen ebenfalls ein mangelndes Demokratieverständnis vorgeworfen wurde.

Dem entspricht, in der Tradition von Adenauers Schaltpult von 1957, eine Wahlwerbung, mit der Schröder 1998 zur Macht kam, in der ein Raumschiffskapitän auftritt, Schröders Typ entsprechend.

Und in der dem Vertreter der alten Regierung mangelnde Eignung für die technokratische Zukunft attestiert wird - weil man ihn nicht *beamen* kann.

Es ist die Rhetorik der Diktatur der Ingenieure.

***

Morals & Machines

Gehört die Zukunft der künstlichen Intelligenz?

Werden Mensch und Maschine zu einer neuen Spezies verschmelzen?

Und welche Rolle spielen dann Ethik, Bewusstsein und unsere Werte?

Sichern Sie sich schon jetzt einen exklusiven Platz,

um mit uns die Zukunft der Menschheit zu diskutieren.

Veranstaltungsankündigung der WirtschaftsWoche, Berlin 27.06. - 28.06.2018

Das Roboter-Interview

- Unter dem Motto *Morals & Machines* fand in der Berliner Sankt Elisabeth-Kirche, einem evangelischen Veranstaltungszentrum, eine Präsentation zu den Entwicklungen im Bemühen um Künstliche Intelligenz statt. Zum Auftakt am Abend des 27. 6. 2018 erschien auch Angela Merkel auf der Bühne. Die Bundeskanzlerin sollte von einem Roboter interviewt werden. Zum ersten Male, hieß es, käme es zu einer Unterhaltung zwischen einem Regierungsoberhaupt und einem Roboter.
Ein Gerät mit weiblicher Gummimaske und langem Rock schob sich heran und spulte über Algorithmen generierte Sätze ab, auf die die deutsche Bundeskanzlerin reagierte, als säße sie einer Gesprächspartnerin gegenüber.

- Allein der Begriff der Künstlichen Intelligenz ist bereits eine Gedankenlosigkeit, sofern mit Intelligenz die Denkfähigkeit gemeint sein sollte. Indem er glauben machen will, dass Mechanismen denken können und Denken ein mechanischer Vorgang sei.

- Es gibt die Ansicht, dass ohnehin alles ein mechanischer, kausaler Vorgang sei. Vertreter der Neurowissenschaft erklären, das eigene Denken und der freie Wille seien nur Illusionen.

- Spinoza hat in diesem Sinne mal geäußert, wenn ein Stein in die Luft geworfen würde, und wenn dieser denken könne, würde er vermutlich annehmen, er selber sei es, von dem diese Bewegung ausginge. Rudolf Steiner kommentierte dazu treffend: Wenn ein Stein denken könnte, wäre er kein Stein mehr.

- Die Rede von der Künstlichen Intelligenz verkennt das Denken als eine Eigenbewegung, die mithin einen Willen voraussetzt. Dieser kann aus der Logik der Sache heraus algorithmisch nicht erfasst, geschweige den evoziert werden: die Nicht-Regelbarkeit lässt sich nicht über Regeln hervorrufen. Das ist wie der Versuch ein Perpetuum Mobile zu bauen - der Vorgang, der sich selbst bewirkt, anstatt Geschehen einer Gestalt zu sein.
Der englische Mathematiker Roger Penrose hat diese systemische Unmöglichkeit einer Künstlichen Intelligenz vor etlichen Jahren in seinem Buch *Computerdenken* nachgewiesen.

- Es muss nichts nachgewiesen werden, was ohnehin klar ist. Der ganze Hype um die Künstliche Intelligenz ist nur das Gerede von Leuten, die nicht denken können. Und die ihre Unfähigkeit zu denken zum Maßstab erklären, indem sie verkünden, das Denken sei ohnehin determiniert und damit konstruierbar. Es stimmt freilich überein mit Merkels Rhetorik des Sachzwangs und der von ihr angeführten Apodiktik der Alternativlosigkeit, sowie mit der Verweigerung des Dialogs in Form jener aussagelosen Phraseologien,.

- Tatsächlich könnte man dies bereits eine von Algorithmen geprägte Rhetorik nennen. So tat ihr Generalsekretär bei einem Interview im Rahmen eines Dokudramas mit Bewunderung kund, Merkel habe die Fähigkeit *"eine Rede halten und dabei an etwas ganz anderes denken"*. FAZ vom 04.09.2019 *zur* ZDF-Sendung "Stunden der Entscheidung"

- Das korrespondiert möglicherweise mit der Fähigkeit des Publikums, beim Hören auch an etwas ganz anderes zu denken. So trifft es sich wieder.

- Dementsprechend hatte Merkel sich einst, zu ihrem fünfzigsten Geburtstag einen Vortrag des Neurologen Wolf Singer gewünscht, der die These vertritt, der freie Wille und das Ich seien nur Illusionen und jede Handlung, jede Entscheidung sei durch neurologische Prozesse vorgegeben.

- Laut Auskunft des Instituts hat Frau Merkel die Bühne der St. Elisabeth-Kirche um 19:30 Uhr betreten, um sich von einem Roboter interviewen zu lassen.

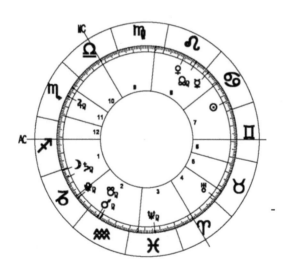

St. Elisabeth-Kirche, 19:30 Uhr, 27.06.2018, Berlin

Der Sommerverbund, mit dem Krebs in Haus Sieben beginnend, bezeugt mit dem Mond in Haus Eins - in Konjunktion mit Saturn und in Opposition zur Sonne - die öffentliche Vorführung der Deklaration der Bestimmungslosigkeit des Lebens des Einzelnen und damit die Proklamation der Fremdbestimmtheit.

Etwas Neues soll gezeigt werden - das künstliche Denken, angezeigt durch Jupiter, als Herrscher des Aufgangs, in Haus Elf. Dort im Skorpion stehend und von Pluto im Steinbock nach Haus Zwei geführt, zeigt Jupiter an, dass hier der Ursprung in einer sich selbst veranlassenden Mechanik gesucht wird, das verselbständigte Programm.

- Wer als Regierungsoberhaupt einen Roboter als Gesprächspartner vorführt, signalisiert letztlich der Öffentlichkeit: Auch ihr seit nur Algorithmen. Der Mond auf Null Grad Steinbock macht die Aussage grundsätzlich. Eine Zäsur.

- Der Topos von der denkenden Maschine führt in seinen Variationen in Literatur und Film, etwa *Welt am Draht*, *Matrix* oder *Westworld*, letztlich stets den Zweifel an der eigenen Identität des Menschen vor. So steht auch das Ziel des Verbunds mit Merkur auf 28 Grad Krebs mit der Charakteristik der Merkur-Pluto-Verbindung Münchner Rhythmenlehre, der programmierten Fremdbestimmtheit und Identitätslosigkeit.

- Der Irrtum basiert auf der von Descartes initiierten Denkhaltung des *Ich denke, also bin ich*, nach der die Identität, das Ich, gleichzusetzen mit dessen Reflexion sei. Daraus folgernd wird dann die Reflexion wiederum der Existenz des Reflektierten vorausgesetzt.

- Der Zweifel, der dem Existenzbeweis des Descartes vorausgeht lautet: „Woher weiss ich, dass ich bin?" Descartes antwortet: „Ich denke, also bin ich".
Die Existenz wird begründet mit der Selbstwahrnehmung des Denkens „Ich bin, weil ich denke".

- Die Feststellung „Ich denke" wird von Descartes als Beweis von „Ich bin" als dem tätigen Subjekt von „denken" vorausgesetzt. das jedoch als Annahme eben dadurch bewiesen werden sollte.

- Wenn, nach Descartes, alles Wahrgenommene zu bezweifeln ist, das letztlich Unzweifelhafte aber die Wahrnehmung des Denkens sein soll, die eigentlich jedoch die Wahrnehmung des Wahrnehmens ist, aufgrund der Descartes ein „Ich bin" voraussetzt, so ist diese Wahrnehmung denselben Kriterien ausgesetzt. Descartes müsste seinen Existenzbeweis für diese Wahrnehmung erneut heranziehen und so fort. Eine unendliche Spiegelung.

- Martin Buber legt dar, warum das Subjekt des Satzes, das *Ich*, als Begriff nicht identisch ist mit dem Subjekt der Schlussfolgerung.
Die erste Nennung des „Ich" ist die Erfahrung aus der Bewegung des Denkens heraus: „Ich denke". Im zweiten Teil des Satzes wird jedoch die Evidenz der unmittelbaren Erfahrung fest-gestellt und zum Bestand gemacht. Damit ist jedoch die Evidenz die sich nur aus der Bewegung ergibt, nicht mehr gültig. Die Evidenz besteht nicht mehr, da sie die Erfahrung, auf die sie sich beruft, in der Feststellung verloren hat.

***

Ego cogito bedeutet ja bei Descartes nicht einfach "Ich habe Bewußtsein",, sondern "Ich bin es, der Bewußtsein hat", also das Produkt einer dreifachen abstrahierenden Reflexion.
Zunächst holt die Reflexion, die "Zurückbiegung" der Person auf sich selbst, aus dem in der konkreten Situation Erfahrenen das "Bewußtsein" (cogitatio) hervor, das dort als solches gar nicht zu erfahren war,
sodann stellt sie fest, dass zu einem Bewußtsein ein Subjekt gehört, und bezeichnet dieses, mit dem Wort "ich", ...
Das Ich der lebendigen Person läßt sich nie in solch einer Ableitung, wohl aber im echten Verkehr mit einem Du als existent erfahren,

Martin Buber, *Gottesfinsternis, Religion und Philosophie, VII*

Die Organspende ist in Deutschland
als Gemeinschaftsaufgabe definiert ... .
Webseite der DSO / *Allgemeine Informationen*

Organtransplantation

Zur *Deutschen Stiftung Organtransplantation*

In einem Interview mit der Bild-Zeitung hatte der deutsche Gesundheitsminister Jens Spahn seine Thesen zur Gesetzesinitiative einer sogenannten Widerspruchslösung kundgetan. Unter der Überschrift *„Sind Sie für die Organspendepflicht?"* zitierte die Zeitung am 3. September 2018 Spahns Vorstoß, nach dem künftig jeder Deutsche automatisch als Organspender betrachtet werde, wenn er dem nicht ausdrücklich widerspricht.

Der Gesundheitsminister meinte zu möglichen Einwänden, eine solche Neuregelung stelle zwar einen Eingriff des Staates in die Freiheit des Einzelnen dar, doch seien alle bisherigen Versuche der Politik, die stark zurückgehende Zahl der Organspender wieder zu erhöhen, leider ohne Erfolg geblieben.

Nach Spahn tendiert die Mehrheit also eher nicht zur Organspende - und soll nun genötigt werden, so die kaum verhohlene Aussage.

Nicht hinterfragte Basis dieses Anspruchs ist der moralische Imperativ, nach dem Organspende etwas grundsätzlich Förderungswürdiges sei, zu dem jeder Mensch in ähnlicher Weise verpflichtet wäre, wie etwa einem Hungernden Essen zu geben oder einem Verletzten zu helfen.

Dementsprechend die unverfrorene Behauptung der *Deutschen Stiftung Organtransplantation*, Organspende sei in Deutschland als Gemeinschaftsaufgabe definiert.

Die Argumentation widerspricht dabei ohne Scheu ihrer vorgeblichen demokratischen Konvention, mit der Begründung, dass wegen der mangelnden Bereitschaft der Menschen, das System der Organtransplantation sonst nicht funktionieren würde.

Es wird zudem kurzerhand behauptet, die Bereitschaft zur Organspende sei laut Umfragen zwar überwiegend vorhanden, jedoch käme es aufgrund der Trägheit dieser grundsätzlich Organspendewilligen nicht zu der erforderlichen Menge von Organentnahmen. Dass die Ergebnisse einer ideologisch und moralisch induzierenden Befragung möglicherweise nicht die tatsächliche Haltung der Angesprochenen wiedergeben, sondern eher das *"Phänomen der sozialen Erwünschtheit"* FAZ wiederspiegeln, wird als moralische Inkonsequenz deklariert und der Missbilligung ausgesetzt.

Ungeachtet der Nötigung sowie der ethischen Fragwürdigkeit eines Menschenbildes, das den Menschen noch im Tode als Eigentum und Funktion des Staates betrachtet, als auch der willkürlichen Festlegung des Todeszeitpunkts, gibt es hierbei noch einen anderen Aspekt:

Welche Wirkung hat ein Verhältnis zum entsprechenden Organ oder zum gesamten Körper, wenn, etwa bei Leberproblemen, davon ausgegangen wird, dass die Leber früher oder später ohnehin ausgetauscht werden kann?

Dass dies bereits eine seelische Desintegration oder Distanzierung bedeutet, die sich lähmend auf das Organ und damit auf eine mögliche Heilung auswirkten kann, liegt auf der Hand.

Ärzte, die diesem Aspekt Beachtung schenken, wissen von dem beschleunigten Verfall des betreffenden Organs zu berichten, wenn eine Transplantation in Aussicht steht.

Der Kölner Internist Markus Karutz zum Thema Organtransplantation, Vortrag vom 7. Juni 2013 in Köln

Tatsächlich schafft sich der Transplantationsbetrieb mit der Oktroyierung des ihm zugrundeliegenden mechanistischen Menschenbildes eine der Voraussetzungen seiner vorgeblichen Notwendigkeit.

Hauptbetreiber der staatlich forcierten Nötigung zur Organspende ist die *Deutsche Stiftung Organtransplantation*. Am 7. Oktober 1984 kam es in Neu-Isenburg zur Gründung des Instituts, das alsbald mit öffentlich rechtlichen Aufgaben betraut wurde und das heute die bundesweite Koordinierung der Transplantationen innehat.

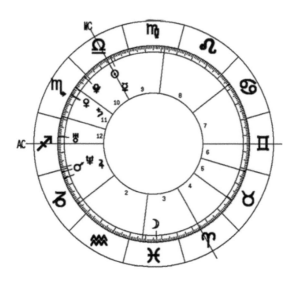

Deutsche Stiftung für Organtransplantation, 7. Oktober 1984, Neu-Isenburg, Mittagshoroskop

Der Uranus im Schützen in Haus Zwölf gibt die untergegangene Identität der Fügung wieder, die sich mit Jupiter in Haus Eins und dem Uranus aus Haus Zwei kommend auf die konkrete Körperlichkeit, auf ihre Organisation bezieht - Der Körper des Menschen und seine Organe werden als Gestalt, als gewachsene Organisation der Erscheinung der Identität verdrängt und stattdessen als zerteilbare Ersatzteilbank betrachtet. Die Konjunktion mit Mars-Neptun aus Haus Vier und Haus Drei kommend stellt gleichsam die seelische Vertreibung aus dem eigenen Körper dar.

Die ihrem Gefüge entrissenen Organe werden über den Zwang der sozialen Dienstbarkeit, mit Venus-Saturn in Haus Elf, neu zusammengesetzt. Die Haltung wird mit Pluto in Haus Zehn zum vorgegebenen Zwang, was sich mit Merkur-Sonne am MC als staatliche Nötigung zeigt.

Das Ergebnis ist mit Merkur-Sonne am MC in der Waage die Zerteilung der Gestalt als öffentlich Bestimmendes.

Die Losung, nach der der Körper des Individuums letztlich dem Staat gehört, soll zum öffentlichen Muster werden.

Vierunddreißig Jahre nach der Gründung der Stiftung befindet sich das Horoskop im Sieben-Jahres-Rhythmus und damit im Orbis der Sonne-Merkur-Konjunktion, die, auf der Häuserachse stehend, ausgelöst über Jungfrau und Löwe in Haus Acht, mit 35 Jahren akut wird.

Demnach dürfte der von Spahn geplante Gesetzesvorstoß im Oktober 2019 zur Entscheidung anstehen. Dem entspricht die gegenläufige Bewegung, die von Stier im fünften Haus bestimmt ist und in der sich Venus-Saturn in Haus Elf auslöst, womit wiederum der Merkur am MC, im Sinne der veranschlagten staatlichen Regelung als Rückseite des Saturn angesprochen ist.

Aufschlussreich ist ebenfalls der Zehner-Rhythmus, in dem sich mit 34 Jahren gegen den Uhrzeigersinn über den

Widder in Haus Vier der Mars und damit die Mars-Neptun-Jupiter-Konjunktion in Haus Eins auslöst. Die Gruppe, die seelische Vertreibung aus dem eigenen Körper anzeigend, ist in der gegenläufigen Bewegung über das Quadrat zum Merkur ebenfalls mit 34 bis 35 Jahren ausgelöst.

Die Unvereinbarkeit der falschen Fügung, in der Organe in einen anderen Körper transplantiert werden, angezeigt durch Saturn-Venus in Haus Elf, deutet sich bereits im Häuserbild an:
Das zweite Haus, der Phase des Stiers entsprechend, steht für die Erscheinung der Form. Mit Wassermann, der für den Menschen steht, geht es im zweiten Haus daher um die körperliche Erscheinung des Menschen im übergeordneten Sinne.
Vom Steinbock beherrscht weist hier bereits die Eingeschlossenheit des Zeichens Wassermann auf die Situation einer Bestimmungslosigkeit hin, in der die Bestimmung des Einzelnen durch die Regelungen der Gemeinschaft verdrängt ist. Hier ist es der Körper des Menschen, der einer Regelung der sozialen Verwertung unterworfen und der Ursprünglichkeit seiner Gestalt beraubt werden soll.

Auf einen wesentlichen Aspekt dieses Verlustes der Gestalt weist die transplantationskritische Autorin Anna Bergmann hin: die scheinbar medizinisch determinierte Verortung der menschlichen Person im Gehirn. Erst auf diese Weise war es möglich, den Ausfall der

Gehirntätigkeit als den Tod des Menschen zu deklarieren. Dies ungeachtet aller anderen Anzeichen die sonst von der Anwesenheit der Person zeugen, etwa dem Spreizen der Finger, dem Hochziehen der Schultern wenn der Körper aufgeschnitten wird. Oder dem sichtbar fröstelnden Reagieren auf die Kälteflüssigkeit, mit der die Organe konserviert werden sollen. Aus diesem Grunde werden den als *hirntod* bezeichneten Organlieferanten Opiate zur Schmerzlinderung und Beruhigung verabreicht. Denn diese zeigen dabei Anzeichen, über die kein Empfindender hinwegsehen kann und von denen Anästhesisten und Pfleger oft traumatisiert zu berichten wissen.

Es ist dies der Übergriff der Medizin, bzw. Naturwissenschaft auf Inhalte, die ihr nicht zugänglich sind und über die zu urteilen ihr nicht zukommt - das Person-Sein des Menschen.

***

"Die Freiheit der Presse im Westen ist nichts anderes, als die Freiheit von 200 reichen Leuten, ihre Meinung zu publizieren"
Paul Sethe, 1965

Die Theorie stellt die These auf, dass große Medienkonzerne ein nichtverschwörerisch agierendes Propagandasystem bilden könnten, das fähig sei, ohne zentrale Steuerung einen Konsens im Interesse einer von den Autoren beschriebenen gesellschaftlichen Oberschicht herzustellen und die öffentliche Meinung über agenda setting und framing entsprechend den Perspektiven dieser Oberschicht zu formen, während gleichzeitig der Anschein eines demokratischen Prozesses der Meinungsbildung und der Konsensfindung gewahrt bleibe.

Zum *Propagandamodell* von N. Chomsky und E. Herman
Auszug aus der deutschen Wikipedia

Der Medienstaat

- Die Wahlkampfstrategie, die dem deutschen Bundeskanzler der Jahre 1998 bis 2005 zum Wahlsieg verhalf, hatte sich von denen der vorherigen Jahre und Jahrzehnte abgehoben. Erstmals, so urteilten einige konservative Kommentatoren, habe man in der Bundesrepublik einen eher amerikanischen Wahlkampf geführt. Mehr als je zuvor sei dieser von Mitteln der Werbung bestimmt gewesen und weniger von der Hervorhebung politischer Programme. Vielmehr davon, eine charismatische Aura für den neuen Hoffnungsträger Gerhard Schröder zu beschwören.

- Kennzeichnend dafür war ein ebenso raffinierter wie kostspieliger Werbefilm, gestaltet wie eine bekannte Weltraum-TV-Serie. Ein Raumschiffkaptitän, vom Alter als auch vom Typ an den favorisierten Kanzlerkandidaten erinnernd, hat eine Notlage zu bewältigen. Ein Team soll hinunter auf einen Planeten teleportiert werden. Bei einem der Männer versagt die Technik, ein lautes Störsignal ertönt und der ungewöhnlich voluminöse Astronaut nimmt seinen Helm ab. Manche sind für die Zukunft nicht geeignet, bemerkt dazu eine Stimme aus dem Off. Es ist Helmut Kohl, Gegenkandidat und noch amtierender Bundeskanzler. SPD-Wahlwerbung 1998

- Das Wort Zukunft bildete das unterschwellige Motto in Schröders Wahlkampf. Offenbar hatte man ihn unterwiesen, es, vor allen Inhalten, möglichst oft anzuwenden. Er sagte, der amtierende Kanzler habe in den vergangenen Jahren Bewundernswertes geleistet, aber jetzt ginge es um die Zukunft, und die Zukunft sei weniger seine Sache.

- Warum ein amerikanischer Wahlkampf?

- Die US-amerikanische Präsidentschaftswahl wird traditionell mit einem, im Verhältnis zu Deutschland, unvergleichlich großen Aufwand an Werbung und medialen Mitteln betrieben. Einem Aufwand, der bei den einzelnen Bewerbern mehr als 150-Millionen-Dollar-Budgets voraussetzt, um überhaupt zum Wahlkampf antreten zu können. Die Medien und die Kooperation mit ihnen bilden ein entscheidendes Element.
Allein hatte mit den aufkommenden Kommunikationsplattformen des Internets, wie *Twitter*, *Facebook*, usw. das traditionelle Medienmonopol der großen Zeitungen und Rundfunkanstalten radikal an Bedeutung verloren - von diesen selber noch weitgehend unbemerkt.

Die Sperrung Trumps

Zeigen sollte sich dies an dem Wahlsieg Donald Trumps im Jahre 2016.
Denn Trump hatte die Möglichkeiten von *Twitter* begriffen. Er benutzte den Dienst, um sich direkt auf breiter Ebene publik zu machen und unabhängig von Presse und Sendeanstalten sein Klientel anzusprechen.
So gewann er entgegen aller Voraussagen der etablierten Meinungskultur die Wahl. Mit einer permanenten Twitter-Präsenz, von der sich Millionen Amerikaner persönlich

angesprochen fühlten, hatte er die ihm wenig gewogenen traditionellen Medien ausgebootet.

- Sein Wahlsieg war aber nicht wirklich überraschend, vielmehr zeigte sich darin eine Konsequenz des Internets in einer von Massenmedien bestimmten Gesellschaft.

- Die bisherige Nachrichtenverbreitung war von den Presseorganen und Sendeanstalten ausgegangen und wurde von der passiven Gemeinschaft der Rezipienten aufgenommen - dem Verhältnis von Sender und Empfänger, Zentrum und Peripherie entsprechend. Im Internet ist diese Örtlichkeit aufgehoben. Es bildet ein Geflecht. Mit Twitter war der bis dato passive Empfänger künftig nicht nur aktiv an der Verbreitung von Nachrichten beteiligt, er selber war nun in der Lage Nachrichten zu erstellen, die bei den etablierten Medien noch gar nicht angekommen waren. Dass sich das Verhältnis gleichsam umgekehrt hat, zeigen die Einblendungen von Twitter-Kommentaren in den Spalten der Tageszeitungen, mit denen Vorfälle oder Debatten illustriert werden.

- Trump, der die neuen Publikationsmöglichkeiten von Twitter in bislang ungekanntem Ausmaß zu nutzen wusste - ähnlich wie sein astrologischer Zwilling Dürer seinerzeit die aufkommende Druckgraphik - hatte gewissermaßen die Twitter-Präsidentschaft erfunden.
Insgesamt 45.000 Kommentare verfasste er in seiner Amtszeit, am Tage durchschnittlich 32 Tweets. Bei einem 16-Stunden-Tag verschickte er mithin jede halbe Stunde eine Textnachricht. Twitter bildete gewissermaßen Trumps Zuhause, die Zahl seiner Follower betrug zuletzt 85 Millionen. Das Portal erfuhr einen enormen Aufschwung durch ihn.

- Zugleich deutete sich damit die neue Macht der Internet-Konzerne an.

- Das Ausmaß dieser Macht trat am Ende seiner Präsidentschaft offen zutage durch die Sperrung von Trumps Twitter-Kanal. Dies aufgrund des Vorwurfs, seine Anhänger zum Sturm auf das Kapitol animiert zu haben.

- Ein Kommentar, in dem er die Erstürmer mit lobenden Worten bedachte, und ein weiterer, in dem er ankündigte, der Amtseinweihung seines Konkurrenten Joe Biden fernzubleiben, wurden ihm zum Verhängnis. Am Nachmittag des 8. Januar wurde sein Twitter-Account endgültig gesperrt.
Binnen weniger Stunden war ihm das entscheidende Mittel, mit dem er seinerzeit die Präsidentschaftswahl gewonnen hatte, entzogen. Andere Portale folgten. Eine beispiellose Entmachtung, durchgeführt von den neuen Medien. Trump war verstummt. Die von ihm gerufenen Geister, die ihm einst dienten, hatten ihm das Wort abgeschnitten.

- Dies geschah am 8. Januar 2021, mit einem Sonnenstand von 18,6° Steinbock. Der Aszendent der Mittagshöhe ist bereits in den Stier gerückt und weist damit auf auf einen sozialen Bezug hin.
Dieser dürfte sich zwei Tage zuvor, als der Mittags-AC in den Stier eintrat und über den Mars lief, manifestiert haben. Zeitlich fällt dies mit dem Sturm auf das Kapitol zusammen.

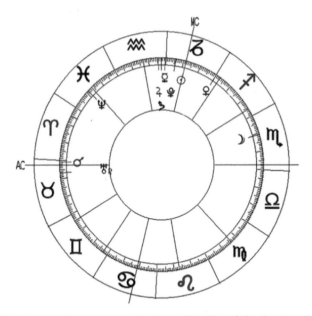

Twitter Inc. sperrt Trumps Account, 8. Januar 2021, Mittagshöhe, San Francisco.
Die Sperrung folgte einer Konferenz am Mittag des 8. Januar. Das
Mittagshoroskop ist daher ausschlaggebend

- Das Mittagshoroskop zeigt während der Phase des Steinbocks die Bestimmung der Gestalt an, die im vorausgehenden Zeichen Fische angelegt ist.
Mit dem Zeichen Fische aus Haus zwölf kommend und seinem Vertreter Neptun auf der Achse des elften Hauses soll ein Neubeginn, ein grundsätzlicher Wandel an das Ufer des Bewusstseins geholt werden. Mit dem Wassermann, der von Haus elf nach zehn geht und dessen Vertreter Uranus im Zeichen Stier am Aufgang steht, bezieht sich die Durchführung auf die sozialen Formen und deren konkrete Verrichtung. Eine soziale Hierarchie wird aufgehoben.

Die Konjunktion mit Mars im Stier und die Quadratur zu Merkur und Saturn in Haus zehn zeigen jedoch an, dass der Uranus im Sinne des Ursprungs des Menschen, seines Person-Seins und damit der Polarität der Ich-Du-Beziehung nicht zugelassen ist, sondern okkupiert von einem Geflecht der Ortlosigkeit, das ohne Zeit und Ort und damit ohne Begegnung und ohne Gegenwart allüberall zugleich sein will.

- Basiert der Rundfunk noch auf der Verbindung von Sonne und Uranus und damit, im Sinne der Ausstrahlung, auf dem Verhältnis von Zentrum und Peripherie, hat das Internet auch dieses Verhältnis zugunsten eines letztlich raum- und zeitlosen Mycels aufgehoben, entsprechend der Venus-Uranus-Verbindung, die hier mit Uranus im Stier gegeben ist.

- Entscheidend ist dabei die Konjunktion der Sonne mit dem Pluto, der Haus sieben beherrscht. Und der damit für eine Besetzung des öffentlichen Bewusstseins steht, die, mit Sonne im Steinbock in Haus zehn, für den Staat bestimmend wird. Der Pluto auf 24° Steinbock, nach der Münchner Rhythmenlehre ein Punkt mit Venus-Saturn-Charakteristik, weist - einen Tag nach dem Jahrestag der offiziellen Covid19-Bekanntgabe der chinesischen Behörden am 7. Januar 2020 - auf einen ausgeprägten Sozialzwang hin.

- Damit tritt erstmals in unverblümter Form eine Konsequenz zutage, die den auf Massenproklamation und Massenbewegung ausgerichteten politischen Systemen, wie sie sich seit der Französischen Revolution herausgebildet hatten, von Beginn an innewohnt.

Massenmedien und Staatswesen der Moderne bilden eine Symbiose, von der sich letztlich kaum sagen lässt, wer in wessen Diensten steht.

- Sebastian Haffner definierte die Besonderheit des preußischen Staatswesens mit der Aussage, andere Staaten hätten sich eine Armee gehalten, im Falle Preußens habe sich eine Armee einen Staat gehalten. Die Einschätzung lässt sich auf das Verhältnis von heutigen Massenmedien und Staat übertragen.

Die Demokratiemaschine

- Als Demokratiemaschine hatte man einst die Zeitungspresse bezeichnet, als sie noch alleiniger Repräsentant jener neuartigen Form der gesellschaftlichen Vermittlung war, wie sie sich nach der Erfindung des Buchdrucks mit der Möglichkeit der Vervielfältigung und der damit verbundenen Verbreitung ergeben hatte.

Die Zeitung, die es ihrem Konzept nach jedermann ermöglichte, mehr oder weniger unabhängig von seinem Ort, an der öffentlichen Meinungsbildung beteiligt zu sein, schuf eine Öffentlichkeit, die damit den Grenzen des Gewachsenen der einzelnen Orte und ihrer Gemeinwesen enthoben war.
Eine neue Öffentlichkeit war entstanden, die des Informationsmediums, heute die Öffentlichkeit schlechthin. Es ist die Öffentlichkeit der Masse.

- Diese Öffentlichkeit ist eine von den Medien erzeugte und vermittelte Instanz, die letztlich und stetig mehr zur bestimmenden Instanz des gesellschaftlichen Geschehens wurde. So etwa wenn sich eine Politik primär nach Meinungsumfragen richtet.

- Heute ringt das Medium Zeitung um seine Existenz, zunächst der Rundfunk und schließlich das Internet haben der Zeitung den Rang abgelaufen. Noch weitreichender als bei den Zeitungen besteht das Wirken der neuen Medien in der Aufhebung der Orte. Die Vervielfältigung des Gedruckten machte einst seine überörtliche, massenweise Verbreitung möglich. Mit dem Rundfunk und schließlich den Kommunikationsplattformen des Internets werden Inhalte nahezu gleichzeitig und global mitgeteilt.

- Das gewachsene Bewusstsein der Gegenwart eines Gemeinwesens aus den Grenzen seiner Örtlichkeit ist damit einer Öffentlichkeit gewichen, die in Wirklichkeit eine Spiegelung ist. Die Spiegelung eines ortlosen übergreifenden Kollektivs.

- Ein Urteil, nach der die Freiheit der Presse im Westen ist nichts anderes, sei, als die Freiheit von 200 reichen Leuten, ihre Meinung zu publizieren, geht daher fehl.
Denn auch eine Kritik, nach der *große Medienkonzerne ein nicht-verschwörerisch agierendes Propagandasystem bilden könnten, das fähig sei, ohne zentrale Steuerung einen Konsens im Interesse einer ... gesellschaftlichen Oberschicht herzustellen und die öffentliche Meinung über agenda setting und framing entsprechend den Perspektiven dieser Oberschicht zu formen, während gleichzeitig der Anschein eines demokratischen Prozesses der Meinungsbildung und der Konsensfindung gewahrt* bleibe,

die damit von einer lediglich korrupten Anwendung oder falschen gesellschaftlichen Voraussetzung der Medien ausgeht, zielt in fataler Weise am Wesentlichen vorbei. Sie verkennt, dass es das technische Medium selber ist, durch das diese Voraussetzung entsteht, indem die es die Begegnung der Einzelnen und ihrer Verbände durch Informationsflut und Massengesellschaft ersetzt.

- Es geht nicht um die Exklusivität der Publikationsmacht, sondern um das ortlos agierende technische Massenmedium schlechthin.

- Joseph Le Maistre, der Kritiker der Französischen Revolution hatte der proklamierten Volksherrschaft Rousseaus schon früh attestiert, sie werde mitnichten eine Freiheit der Individuen ermöglichen, sondern ein Diktat des Sachzwangs und des Meinungsdrucks hervorbringen.

- Das älteste bestehende Parlament ist das Althing in Island, wo die heutige Bevölkerungszahl die einer kleineren europäischen Großstadt beträgt. Man weiß, mit wem man es zu tun hat. Wo mehr oder weniger jeder jeden kennt, können von den Massenmedien hochgejubelte Charismatiker und Blender nur schwer zur Macht gelangen.

- Das Neue an der von den Informationsmedien hervorgebrachten Öffentlichkeit ist ihre Ortlosigkeit.
Sie ist aus der Aufhebung der Grenzen des Gewachsenen der Orte entstanden und sie produziert die Ortlosigkeit, sie ist allüberall präsent, in der Folge heute mit Twitter ohne Zeitverzögerung.

- Zwischen der Zeitung und Twitter besteht schon ein erheblicher Unterschied. Zeitungen haben durchaus noch ihre Orte. Oft künden ihre Namen davon: Das *Hamburger Abendblatt*, die *Frankfurter Allgemeine*, der *Kölner Stadtanzeiger* ...

- Das sind Zentren. Die Aufhebung der Orte betrifft dabei die Regionen. Exemplarisch in einer Kurzgeschichte von Ludwig Thoma, die um die Jahrhundertwende spielt. Es geht es um die neue Rolle der Zeitung bei der Ehevermittlung. Ein Mann in einem oberbayerischen Dorf heiratet eine Frau, die, von weit her, aus dem Fränkischen kommt. Sie hatte seine Heiratsannonce in der Zeitung gelesen. Nach dem anfänglichen Staunen darüber, was sie alles anders macht, gewöhnt man sich an sie und schätzt sie. Zunächst jedoch ein gewisser Kulturschock. Thoma fühlte sich, trotz seines beißenden Spotts am Bürgertum, berufen, den Bauern seiner Heimat gewisse vermeintliche Vorteile des technischen Fortschritts nahe zubringen.

- Sollte es kein Vorteil sein?

- Vordem konnte ein Mann eine Frau aus einem weit entfernten Ort kennen lernen, wenn er dem Milieu seines Ortes entwachsen war. Er hatte sein Dorf verlassen, das war eine Entwicklung, die so oft nicht vorkam. Mit der Annonce war es ihm nun möglich, eine Frau aus einem ganz anderen Millieu kennenzulernen, ohne das er aus seinem und sie aus ihrem Milieu, im Sinne einer Entwicklung, heraus gewachsen wäre.
Die Unvereinbarkeit der Orte, die sich in der räumlichen Entfernung niederschlägt und deren Möglichkeit der Begegnung an den Weg und an die Zeit des Weges gebunden ist, wird durch das Vervielfältigungsmedium

Zeitung kurzgeschlossen. Das bedeutet, dass die Unvereinbarkeit in die Verbindung geholt wird, sie wird zur Saturn-Uranus-Verbindung: Die Vermeidung des Weges und damit der Mutation. Die räumliche Entfernung der Orte voneinander ist Ausdruck ihrer Eigenart und damit ihrer Unvereinbarkeit an einem Ort.

- Ein Faktor, der letztlich bei jedem technischen Mittel der Aufhebung von Orten gegeben ist. Vom Telefon bis zu Twitter. Und dieser Stau ist der Grund, für das spezifische Ausmaß an Aggression und Hetze, wie sie im Internet erscheinen. Die Vorstellung von den Medien als Demokratiemaschine, von der Masseninformation als Garant der Aufklärung und freiheitlichen Willensbildung ist ein grundlegender Irrtum.

- Was wäre eine ursprüngliche Öffentlichkeit?

- Haben Sie schon einmal im Sommer in einem Dorf die Stille der Mittagsstunde erfahren? Oder die, der Abenddämmerung? Darin kommt ein Bewusstsein des Ortes auf.

- Eine Idylle. Es gibt aber nicht nur Dörfer.

- Kleinere Verbände können grössere Verbände bilden. Verbände von Verbänden. Die föderativen Systeme der Griechen haben den Gedanken der Demokratie überhaupt erst hervorgebracht. Die gewählten Vertreter der kleineren Verbände, wo jeder noch jeden kennt, wählen die Vertreter der grösseren Verbände, Deligierte. Sie bilden Wahlgremien, in denen wiederum jeder jeden kennt. So finden Entscheidungen ausschließlich auf der Basis der persönlichen Bekanntschaft und Begegnung statt. Unter Ausschluss der Massenmedien.

- Wie soll das gehen?

- Eine Utopie. Jedoch geschieht auf diese Weise die Urteilsfindung bei einigen Geschworenengerichten: Die Medien sind ausgeschlossen, so dass nur die aus der persönlichen Begegnung gewonnene Erfahrung zählt. Warum soll so etwas nicht auch auf ein föderatives System anwendbar sein?

- Demokratie basiert letztlich auf dem guten Willen. Ebenso wie die Monarchie.
Fehlt der gute Wille dem Anderen gegenüber, gerät die Monarchie zur Tyrannei und die Demokratie zur Ochlokratie, zur Herrschaft der Masse. Diese sei, so Polybios, von Demokratie durch die Vorherrschaft von Habsucht und Gier zu unterscheiden.

- Diese Eigenschaften aber gelten, den Staatstheoretikern der Aufklärung zufolge, als Basis eines geregelten Staatswesens. So formulierte Kant sein Apodiktum von der Horde eigennütziger Teufel, die ohne es zu wissen und zu wollen, allein den Regelungen der Vernunft zum Erhalt des Eigennutzes folgend, den Staat und das Gemeinwohl schaffen. *

- Auch eine Maschine.

- Bereits Hobbes hatte im Sinne einer pragmatischen, gleichsam instrumentalen Regelung von der Staatsmaschine gesprochen.

Bei einer Regelung des Gemeinwesens, basierend auf dem Motiv der Absicherung des Subjekts, ohne dass der andere, im Sinne der Nächstenliebe, als Gegenüber, als eine Person "wie Du" erkannt wird, muss sich die Regelung verselbständigen, als Staatsmaschine. Sie muss zum Regelungszwang werden.

Dies entspricht einer Kurzschließung der Phasen von Jungfrau und Skorpion, der Merkur-Pluto-Verbindung entsprechend, bei der das zwischenliegende Öffnungszeichen Waage, im Sinne der Gegenwart und der Erkenntnis des Gegenübers, ausgeschlossen ist.

Nach der Lückenlehre ist bei der Verbindung zweier Zeichen über eine oder mehrere Phasen hinweg, die zwischenliegende Entwicklung verdrängt und kurzgeschlossen. Um diese geht es und sie muss ins Leben gebracht werden.

Ansonsten kommt es zur Verselbständigung des Sachzwangs. Und diese ist es, die den modernen Staatskonstrukten innewohnt.

Zugleich wird die Öffnung der Gegenwart durch die medial vermittelte, ortlose Spiegel-Öffentlichkeit ersetzt und damit durch den Meinungsdruck. Eine Öffentlichkeit, die keine ist, weil sie nicht Öffnung vermittelt. Sie ist die Spiegelung des Kollektivs.

- Damit bildet die Regelung des Eigennutzes die philosophische Grundlage des modernen Staats. Demnach wären die aus der Aufklärung hervorgegangenen Staatsgebilde nicht Demokratien, sondern Ochlokratien?

- Eine Herrschaft der Masse. Thomas Hobbes der den Menschen als des Menschen Wolf bezeichnete, favorisierte den Leviathan, unter dem er einen absoluten Herrscher verstand, der aufgrund seiner unbeschränkten

Macht die Gesellschaft vereint. In der Buchdeckel-Illustration seines Werks wird der Körper des Leviathan aus der Masse der Menschen gebildet. Dieser Herrscher ist kein König, sondern eine Projektion des Kollektivs.

Titelblatt des "Leviathan" von Thomas Hobbes, 1651, Ausschnitt

- Dem solcherart strukturierten System eines Verhältnisses von Staat und Masse sind autonome, föderative Verbände, die aus den Beziehungen der Individuen gewachsen sind, verdächtig. Deshalb trachtet es, die Bedeutung der Orte und ihrer gewachsenen Gemeinwesen zu neutralisieren, Polaritäten wie Unterschiede aufzuheben und die Individuen zu isolieren, ihr Aufwachsen und ihre Begegnung der kollektiven Regelung zuzuführen.

- Dies ganz konkret, wenn, etwa unter der forcierten Ansteckungsangst in der Corona-Krise, Begegnung möglichst über Bildschirme und digitale Medien stattfinden soll. Es versteht sich von selber, dass diese Politik von den solcherart favorisierten Medien unterstützt wird.

- Nur so wird es möglich, eine mediale Parallelwelt zu oktroyieren, die mit der erlebten Wirklichkeit nichts mehr zu tun hat. Damit aber wird das Massenmedium zum eigentlich Bestimmenden.

- Der Wahn der politischen Instanzen und der Medien wird dabei keineswegs, wie von einzelnen Kritikern unterstellt, von einer Regelungswut und einem Machtrausch der einzelnen Personen getragen.
Wenn bei einer derartigen Gelegenheit Gremien und deren Vertreter bestrebt sind ihre Bedeutung hervorzuheben und ihre Macht auszubauen, geschieht dies nur im Fahrwasser einer Entwicklung, die letztlich apersonale Gründe hat, indem sie von einer Mechanik eines Staats ausgeht, in dem Eigennutz und Machtgier durch Regelung gebändigt werden sollen.
Die Regelung, die damit als das letztlich Bestimmende des Gemeinwesens gilt, muß sich zwangsläufig verselbstständigen und zum Regelungzwang werden.

- Warum zwangsläufig?

- Nun, ein Automechaniker will Autos zusammenschrauben, ein Tischler Möbel bauen - der Staat will regeln. Der Unterschied ist: Automechaniker und Tischler sind Personen - sie können sich auch für etwas anderes entscheiden. Oder gar nichts tun. Der Staat ist keine

Person, sondern ein System. Ein System, das sich aus der Regelung der Machtgier konstituiert. Daher sprach Hobbes von der Staatsmaschine.

Und das Maschinenhafte tendiert immer zur Unbeweglichkeit, weil es Bewegung nicht als Eigenbewegung aus einem eigenen Anfang der Person heraus begreifen kann, sondern nur als mechanisch determiniert, als außenbestimmt. Die Verdrängung der Eigenbewegung muss irgendwann Ereignis werden.

Erste offizielle Stellungnahme der chinesischen Gesundheitsbehörde zum neuen Corona-Virus., Peking am 7. Januar 20

- Daher kann es bei einer Merkur-Pluto-Auslösung zu einer temporären Bewegungsunfähigkeit kommen. *Man liegt im Gips*, bemerkt Wolfgang Döbereiner zu dieser Verbindung.

- Im Horoskop der offiziellen Bekanntgabe der chinesischen Behörden zum Auftreten der neuen Virus-Erkrankung befinden sich Merkur, Sonne, Pluto und Saturn in Konjunktion am MC der Mittagshöhe.

- Die Bewegungseinschränkung ist die Erscheinung eines mechanistischen Selbstverständnisses. In diesem Sinne sind die staatlichen Maßnahmen der Bewegungseinschränkung in der Corona-Krise zu verstehen. Der Wahn ist eine folgerichtige Entwicklung der Industriegesellschaft und des mechanistisch-starren, von aussen bewegten Menschenbildes auf dem der Wissenschaftsstaat basiert. Es ist die zum Ereignis gewordene inhärente Bewegungslosigkeit.

***

*

Immanuel Kant: *Das Problem der Staatserrichtung ist, so hart wie es auch klingt, selbst für ein Volk von Teufeln (wenn sie nur Verstand haben), auflösbar und lautet so: 'Eine Menge von vernünftigen Wesen, die insgesamt allgemeine Gesetze für ihre Erhaltung verlangen, deren jedes sich aber im Geheimen sich davon auszunehmen geneigt ist, so zu ordnen und ihre Verfassung einzurichten, dass, obgleich sie in ihren Privatgesinnungen einander entgegenstreben, diese einander doch so aufhalten, dass in ihrem öffentlichen Verhalten der Erfolg eben derselbe ist, als ob sie keine solche bösen Gesinnungen hätten'* (Zum ewigen Frieden, 224)

Die Metapher ging allerdngs auf Adam Smith zurück, der sie einige Jahre zuvor verwendet hatte: *Eine Horde eigennütziger Teufel produziert, ohne es zu wollen und zu wissen, das Gemeinwesen.* (Wealth of Nations).

Wir haben deshalb entschieden, dass COVID-19 als Pandemie bezeichnet wird
Tedros Ghrebreyesus, Generaldirektor der WHO, März 2020

Corona

Im Dezember des Jahres 2019 trat in China, in der Provinz Wuhan, eine neue Form der Lungenerkrankung auf. Sie unterschied sich im Verlauf von früheren ähnlichen Erkrankungen, die dem SARS-Virus zugeordnet wurden. Das Virus, so heißt es, gehöre zur Familie der Corona-Viren, die verschiedene Infekte der Atemwege verursachen können. Als *SARS*, die Abkürzung für *severe akute respiratory syndrome*, wurde eine weltweite Infektionswelle im Jahre 2002 benannt.

Dass man es nun mit einem neuartigen Erreger zu tun hatte, war erstmalig einem 33jährigen Arzt aufgefallen, der es im Internet seinen Kollegen mitteilte. Er wurde zunächst von den Behörden unter Strafandrohung zum Schweigen verpflichtet, da man ihn der Unruhestiftung bezichtigte.
Im Verlauf der folgenden Tage stellte sich jedoch das Profil des neuen Erregers klar heraus und am 7. Januar 2020 gaben die chinesischen Behörden einen Namen für das neue Virus bekannt: *2019 nCoV*, ein Kürzel für *2019 novel Corona Virus*.
Später wurde von einem internationalen Gremium der Name *SARS-CoV2* vorgeschlagen, chinesische Virologen widersprachen dem jedoch zunächst, da der Unterschied zum SARS-Virus erheblich sei.
Von der Infektion wurden, den Berichten der Medien zufolge, bis Anfang März etwa 80000 Menschen weltweit befallen, mehr als 3000 starben an der Krankheit. Auch

der Arzt, der sie als Erster erkannt hatte, erlag ihr zwei Monate später.
Ende März wurde die Zahl der Erkrankten mit 730 000 angegeben und mit 34 000 die der Verstorbenen.
Nicht lange nach Ausbruch und Bekanntgabe traten auch in Deutschland die ersten Fälle von Covid 19 auf, wie die durch das Virus bedingte Erkrankung offiziell bezeichnet wird.

Das Virus trägt allerdings keine Schuld, da es gar nicht existiert. Ein Virus persistiert, wie Wolfgang Döbereiner einmal unterschied. Es ist nur eine Spiegelung, die zur Form geworden ist.
Er brachte die Zunahme der Virus-Erkrankungen mit der Aufklärung und der aus ihr hervorgehenden Französischen Revolution in Zusammenhang, weil die gewachsenen Hierarchien bestimmungslos wurden.
Bis dahin konnte die Uneigenständigkeit in der Hierarchie von den ihr zugehörigen Individuen als Begrenzung erlebt und erlitten werden. Und dadurch die Entwicklung zu einer Eigenständigkeit möglich werden.
Mit der Zerstörung der gewachsenen feudalistischen Hierarchien, die bereits im Absolutismus begann, wurde die Uneigenständigkeit ortlos, es gab in der Welt den Zustand nicht mehr, wo sie erlebbar und damit zeitlich hätte werden können.
Und wo durch das Erleiden der Uneigenständigkeit in der Ausgeliefertheit an die Hierarchien die Entwicklung zur Eigenständigkeit und Unabhängigkeit der Person möglich geworden wäre.
Stattdessen wurde sie im sozialen Kollektiv als Sachzwang anonymisiert und neutralisiert, sozial verteilt und damit im sozialen Anspruch ihrer Grenzen enthoben. Die nicht

erlebte Uneigenständigkeit musste auf diese Weise als Virus selber zur Form werden,

Hat es eine Bewandtnis, wenn zwei der weltweiten und weltweit als bedrohlich empfundenen Virus-Epidemien in einem Land ausbrachen, dessen Bevölkerung nach einer Revolution seit 70 Jahren einem Programm des sozialen Kollektivismus ausgesetzt ist?

Das Virus ist kein existierendes Lebewesen, noch nicht einmal ein Parasit. Es ist nur ein vagabundierendes Programm, das sich einem Lebewesen, sofern dieses dafür prädestiniert ist, aufdiktieren kann und es seiner Funktion zu unterwerfen vermag.
Es ist die zur Form gewordene Bestimmungslosigkeit, die sich überall dort anhaften kann, wo die Bestimmung des Einzelnen, im Sinne seiner Eigenbewegung, verdrängt wird und durch die Neigung zur Fremdbestimmtheit ersetzt.
Die Uneigenständigkeit drückte sich früher in der Abhängigkeit und Ausgeliefertheit gegenüber einer Autorität aus, die in der Hierarchie durch Personen vertreten und über diese erlebbar wurde.

Astrologisch entspricht dies der Ägyptischen Gefangenschaft; in der Münchner Rhythmenlehre die Saturn-Pluto-Verbindung, unter der eine Situation zur Krise wird, in der die eigene Bestimmung, der Saturn, in einer Fremdherrschaft, repräsentiert durch Pluto, nicht zugelassen ist.

In einer personalen Hierarchie haben Uneigenständigkeit, Ausgeliefertheit, Krise und mögliche Entwicklung zur Autonomie ihren Ort.

In einem Kollektiv, in dem gewachsene Hierarchien aufgehoben und durch soziale Regelung ersetzt wurden, muss die Uneigenständigkeit chronisch werden.

Wird die Ausgeliefertheit nicht mehr als Leiden erlebt, sondern die Rolle der Unterwerfung in der Fremdbestimmtheit zur Identifikation und damit zur Identitätslosigkeit, entspricht das der Rückseite der Saturn-Pluto-Verbindung in Form der Sonne-Merkur-Verbindung, der Hörigkeit.
Dies ist das Bild des Virus, der Merkur-Pluto-Verbindung entsprechend, das eine Spiegelung der neutralisierten Uneigenständigkeit darstellt und möglicherweise ein Produkt ihrer ist.

Als maßgebliches Datum der Corona-Epidemie kann die offizielle Bekanntgabe und Namensgebung durch die chinesische Gesundheitsbehörde, mit Sitz in Peking, am 7. Januar 2020 gelten.

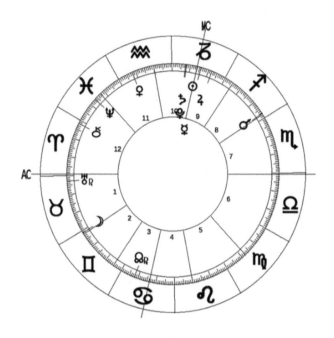

Im Mittagshoroskop befinden sich Sonne, Merkur, Saturn und Pluto in Konjunktion im Steinbock auf der Himmelsmitte, das Thema des staatlichen Kollektivzwangs und der Identitätslosigkeit sowie der Infektanfälligkeit verdeutlichend.

Viren sind bestimmungslos gewordene Zwecke - Saturn-Merkur - die zur Form geworden sind - Merkur-Pluto.

Geht man in der Zeit zurück bis zur Gründung der Volksrepublik China am 1. Oktober 1949, so sind das 70,3 Jahre vor dem 7. Januar 2020.

Im Uhrzeigersinn wird in der Phase 77 bis 70 Jahre vor der Bekanntgabe des Virus das elfte Haus durchlaufen, das unter der Herrschaft des Zeichens Fische steht. Dessen Vertreter Neptun befindet sich in Haus zwölf kurz vor der Häuserachse. Neptun wird daher, mit 77,3 Jahren vorher, beim Überlauf akut und sieben Jahre später nochmal als Auslösung, die gravierender ist, mit 70,3 Jahren vor dem Ereignis.

Das Zeichen Fische als Herrscher des Verbunds, aus Haus zwölf kommend, und sein Vertreter Neptun, ebenfalls in Haus zwölf, bezeugen das im Kollektivzwang verdrängte Prinzip des eigenen Anfangs der Person. *

Mit dieser Konstellation im zwölften Haus soll etwas Neues in die Welt kommen.
Unter den Voraussetzungen der im Kollektiv verdrängten Bestimmung des Einzelnen ist es eine neuartige Virus-Krankheit.

Die kommunistische Revolution und Mao Tse-Tungs Ausrufung der Volksrepublik im Herbst 1949 erscheinen in der Geschichte Chinas nur aus zeitgenössischem Blickwinkel als Zäsur.
Bereits das in der Selbstwahrnehmung wichtigste Ereignis der chinesischen Geschichte, die Begründung der ersten Dynastie im Jahre 221 v. Chr. durch den späteren Kaiser Qin, der die *Streitenden Reiche* unterwarf und unter eine Zentralmacht zusammenschloss, stellte die Begründung

des zentralistischen Beamtenstaats dar, der das spätere China auszeichnete.

Ideologische Basis bildete die Philosophie des Legalismus, nach der das Kollektiv über dem Einzelnen steht, geprägt durch ein Regelwerk von Belohnung und Bestrafung. Die Ablehnung einer eher föderativen Gesellschaft und die Grundzüge des spezifisch chinesischen absolutistischen Staatswesens wurden durch Qin geschaffen.

So musste es zum Zeichen werden, dass Qin den Drachen zum chinesischen Staatssymbol erklärte, der als chinesische Version des Frühlingszeichens Widder – ähnlich wie später bei dem im Zeichen Widder geborenen englischen Philosophen und Staatstheoretiker Thomas Hobbes der *Leviathan*, - für den zum Pluto gewordenen Mars steht: für den im Kollektiv verdrängten Anfang des Individuums und für die Durchsetzung der absolutistischen Zentralmacht.

Wenn der Mars als Rächer des Neptun im Sinne des Anfangs des Einzelnen im sozialen Geflecht nicht mehr zugelassen ist, muss er als Mars kollektiv erscheinen. Und damit zum Pluto werden. Das ist das Bild des Drachens.

Angesichts der Neptun-Auslösung, die sich im Horoskop der Bekanntgabe des *2019 Novel Corona Virus* mit der Staatsgründung der VR China deckt, stellt sich die Frage nach der geschichtlichen Zuordnung der Saturn-Pluto-Sonne-Merkur-Konjunktion am MC auf 16 Grad Steinbock, einem Mars-Saturn-Punkt, der Agression gegen die Bestimmung.

Die Himmelsmitte wird 63 Jahre vor dem Zeitpunkt des Horoskops, im Januar 1957, überlaufen. Im Orbis der angetroffenen Planetenverbindungen kam es seinerzeit zur Kampagne gegen Rechtsabweichler, Das Regime hatte zuvor zu konstruktiver Kritik aufgefordert. Als diese geäußert wurde, ging sie der Partei jedoch zu weit. Vierhundert Kritiker wurden hingerichtet. Eine halbe Million Menschen wurden in Arbeitslager verschleppt.

Ein Jahr später, 1958, kam es zum berüchtigten *Großen Sprung* nach vorn, eine rigide Reglementierung der gesamten Landbevölkerung, die künftig in 26 000 Volkskollektiven zusammengefasst und militärisch strukturiert werden sollte.
Ähnlich der Industrie sollte die Landwirtschaft eine Produktionsschlacht betreiben.
Unsachgemäße Forderungen und Vorgaben, zwangsläufig falsche Planung, dadurch bedingtes Chaos führten, verstärkt durch Unwetter, in der Folge zu einer Hungersnot, an der in China in den Jahren 1960 bis 1962 etwa 30 Millionen Menschen verhungerten.

Mit diesen beiden Kampagnen, die rhythmisch durch die Stellung von Saturn, Pluto, Merkur und Sonne im Steinbock am MC des Mittagshoroskops der offiziellen Bekanntgabe des Neuen Corona Virus repräsentiert sind, hatte sich der Zwang des Systems erstmals in unverhohlener Weise gezeigt.

Von den damaligen Massenmorden, Internierungen und Zwangsmaßnahmen ging ein Schock für die Bevölkerung aus. Danach war klar, dass das System keine Eigenständigkeit und keinen Widerspruch duldet. Das Virus erweist sich als eine Auswirkung.

Insofern bestätigt sich der Staat durch sich selber, indem Regelungen und Zwangsmaßnahmen der Ausbreitung des Virus entgegenwirken sollen. So etwa, wenn Politiker äußern, gerade der starke Staat bewähre sich angesichts der Pandemie.

Dementsprechend der Tenor im Öffentlich Rechtlichen Rundfunk. Was feilich nicht unbemerkt bleibt. So urteilt eine Studie zur *"medialen Konstruktion Deutschlands"* in der Corona-Krise:

Dass jedoch die Maßnahmen an sich – unabhängig von der jeweiligen Ausgestaltung – insgesamt zielführend sind, wird implizit vorausgesetzt, entsprechend lässt sich die wiederholte Kritik an den zerstückelten Regulatorien der Bundesländer als Wunsch nach einem starken Staat lesen. Selten werden dagegen grundsätzliche Fragen der Angemessenheit und Effizienz der Regelsysteme verhandelt.

aus: *Die Verengung der Welt Zur medialen Konstruktion Deutschlands unter Covid-19 anhand der Formate ARD Extra,* Dennis Gräf, Martin Henning

Der britische Historiker David Runciman bringt dies in einem Artikel im englischen Guardian auf den Punkt, indem er, Hobbes *Leviathan* zitierend, feststellt, die Corona-Krise bedeute nicht etwa die Aufhebung der Politik, sondern lege ihre Rohstrukturen frei, nämlich die Leute zum Gehorsam zu zwingen, bei Anwendung der Zwangsmaßnahmen, die der Staat zur Verfügung hat, da andernfalls der Zusammenbruch der Politik überhaupt bevorstünde.

„*Either people are forced to obey, using the coercive powers the state has at its disposal. Or politics breaks down altogether...*", David Runciman, *Coronavirus has not suspended politics – it has revealed the nature of power,* The Guardian,

Das Virus kann als Programminformation nur dort gefährlich werden, wo die Übereinkunftsbezeugungen des Kollektivs reproduziert und übertragen werden. Wo die Uneigenständigkeit nicht mehr als Krise erlebt wird, sondern gemütlich wurde in der Fremdbesetzung.

Die Namensfindung für das neue Virus ist durch den Uranus am Aszendenten angezeigt.
Die Bezeichnung Corona betrifft die gesamte Gattung der Corona-Viren, die schon seit Mitte der 1960er Jahre bekannt sind. Auch die SARS-Epidemie war eine Corona-Epidemie.
Umso merkwürdiger erscheint es, wenn das Wort *Corona* erst jetzt zum Synonym für gezielt dieses Virus und diese Erkrankung wird.
Auch das Bild des Virus, der wie eine explodierende, von einem Kranz von Protuberanzen umgebene Sonne ausschaut, eine gespickte Kugel, ist allüber präsent.

Das Wort *Corona* kommt über das Lateinische aus dem Griechischen und bedeutet *Kranz*.
Als Bekränzung der Cäsaren wurde daraus später die Krone der Könige.
Der Kranz bezieht sich auf die Peripherie, damit auf den Uranus, bzw. auf das Verhältnis von

Peripherie und Zentrum, wie es in der Phase des Wassermanns entsteht.
Uranus in Haus eins im Stier am Aszendenten der Tagesmitte der Corona-Namensgebung deutet an, dass die Entwicklung dieser Polarität - und damit der Unterschiede

generell - nicht zugelassen ist. Der Einzelne kann im Kollektiv nicht König seines Lebens sein.

Bild und Name des Corona-Virus erscheinen auf diese Weise als Zeichen des verdrängten Uranus und damit der Entpolarisierung und der Aufhebung der Unterschiede.

So ist es der Uranus, der in dem, mit merkwürdiger Beharrlichkeit präsentierten Bild des Virus zum Feind deklariert wird.
Hier trifft es sich, dass drei Monate vor Auftreten des Virus die 70-Jahr-Feier der Volksrepublik-China stattfand. In der rhythmischen Auslösung vor dem Ereignis fällt dies mit dem Überlauf des Uranus im Stier kurz vor dem Aszendenten zusammen.
Die verdrängte Polarität erscheint in der Folge als Zusammenbruch der Sozialsysteme.

Im Spiegel zum Mond, der ebenfalls in Haus eins steht, entspricht der Uranus der Berührungsangst und damit dem Reglement der Desinfizierens, das durch die Epidemie alltäglich wurde.

***

---

* Bestätigt wird dies durch den Aufgang im Widder, auf 28 Grad mit Saturn-Neptun-Charakteristik und dem Mars im achten Haus auf 2 Grad Schütze mit der Mars-Pluto- und Merkur-Pluto-Charakteristik, damit den Zwang zur Vereinheitlichung angebend.
Zur Zeit der Auslösung des Mars, um das Jahr 1971, wurde das Zerwürfnis mit der Sowjetunion akut und das Regime suchte die Annäherung an den Erzfeind, die USA, was zum Besuch Nixons führte.

Das entspricht der Stellung des Mars im Schützen, bzw. der Mars-Jupiter-Konstellation als Kompensation über den Starken Partner.

Die Mars-Mond-Opposition weist zudem auf einen Streit im eigenen Haus hin: Ein Staatsstreich war vereitelt worden, sein Initiator Lin Biao, ein alter Weggefährte Maos und hoher Regierungsfunktionär, versuchte mit einem Flugzeug in die UDSSR zu fliehen, stürzte aber mit seiner Familie über der mongolischen Wüste ab. Ein bis heute, abseits der offiziellen Verlautbarungen, ungeklärtes Ereignis in der jüngsten Geschichte Chinas.

Zur Niederschlagung eines Aufstands auf dem Tian'anmen-Platz kam es 1976, zwei Jahre vor Phasen-Ende unter Auslösung von Pluto-Saturn über den Skorpion im siebten Haus.

Auf dem selben Platz wurde 1989 wiederum ein Aufstand mit militärischer Gewalt niedergeschlagen, ebenfalls unter Pluto-Saturn-Auslösung über die Merkur-Verbindung und Jungfrau als Herrscher der Sieben-Jahres-Phase von 35 bis 28 Jahre vor dem Ereignis.

Man soll das Gesetz keinen Augenblick vergessen. Man muss die Redner bewältigen, alle Argumente und Überlegungen abschaffen und nur das Gesetz gelten lassen.
Wenn das Volk dumm ist, regiert man es besser.

Shang Yang, Staatsmann und Verfechter des Legalismus, 390 bis 338 v. Chr.

Kaiser Qin

- Als Gründungsdatum des chinesischen Kaisertums gilt das Jahr 221 vor Chr. Der Herrscher des Reiches Qin hatte die benachbarten Fürstentümer besiegt und unter seiner Herrschaft vereinigt. *"Alles unter dem Himmel"* war sein Leitspruch. Er nannte sich fortan „*Qin Shi Huangdi*". Der Name Huangdi verweist auf den Polarstern.
Gleich dem Polarstern, der wegen seiner ruhenden Position als Hauptstern galt und hierarchisch über den anderen Sternen stand, sollte der Kaiser die ruhende Zentralgewalt aller Fürsten darstellen.

- Der Name China geht auf Qin zurück. Er wurde dem Reich allerdings von den anderen Völkern zugedacht.

- Kaiser Qins Bestreben war es, einen absolutistischen Staat zu schaffen. Ein Staatsmodell, wie es in Europa erst mit dem französischen Absolutismus und König Ludwig XIV entstehen sollte.

- Ähnlich wie Ludwig XIV hatte auch Qin den Adel und die feudalen Herrscherhäuser entmachtet. Er schaffte ein perfekt durchorganisiertes Beamtenwesen. Grundlage dazu bildete die Philosophie des Legalismus. Das staatliche Kollektiv stand demnach an erster Stelle, sein Erhalt basierte auf strengen Regeln, deren Befolgung mittels Lohn und Bestrafung und dementsprechender Überwachung zu gewährleisten war.

- Eine antike Vorlage des Sozial-Kredit-Systems der chinesischen Regierung, wie es 2014 initiiert wurde.

- Der Legalismus hatte bereits das frühere Fürstentum Qin geprägt und es zu jenem Militärstaat geformt, der die anderen Reiche zu erobern vermochte.

- Eine Staatsmaschine wie sie Thomas Hobbes später im "Leviathan" proklamieren sollte. Wie Hobbes verband auch Qin sein Staatsmodell mit dem Bild des Drachen.

- Der feudale Erbadel wurde abgeschafft, nur die Herrschaft der Kaiserfamilie sollte fürderhin erblich sein. Zwar überstand die Qin-Dynastie nur 15 Jahre, bis sie von der über vierhundert Jahre währenden Han-Dynastie abgelöst wurde, von Dauer war jedoch das von Qin geschaffene Reich, sein Gesellschaftsverständnis und die damit verbundene Haltung, die über zwei Jahrtausende das chinesische Staatswesen prägt.

- Sie lässt sich hinsichtlich der Neutralisierung gewachsener Hierarchien auch unschwer in der kommunistischen Volksrepublik erkennen, wie sie 1949 durch Mao gegründet wurde.

- Zur Zeit Qins hatte freilich ein anderer Stern die Position des Polarsterns inne als der heutige. Damals stand der ebenfalls zum Sternbild Kleiner Bär gehörige Kochab über dem Nordpol. Durch die Präzessionsbewegung ist Kochab im Laufe der vergangenen zwei Jahrtausende weitergewandert und heute nimmt Polaris die Stelle ein. Wenn aber Kaiser Qin seinerzeit den Polarstern als Symbol des Gottkaisertums in seinem Namen hervorhob, so war es Kochab auf den er sich bezog.
- Der Stern ist seit den Anfängen der Astrologie bekannt. Sein Name leitet sich über das Arabische aus dem Hebräisch-Aramäischen ab und bedeutet „Stern". Auch im

Namen des *Bar Kochba*, aramäisch *Sternensohn*, der den letzten jüdischen Aufstand gegen die Römer anführte, taucht die Bezeichnung auf.

- Der Polarstern wurde demnach, im Sinne der herausragenden Bedeutung des Himmelskörpers unter den Sternen, als der Stern schlechthin bezeichnet.

- Zugleich aber war Kochab, כוכב, der hebräisch-aramäische Name für den Merkur. Als „Kochab" oder „Kochab Chama" – „Stern der Sonne" wurde der Merkur als der sonnennächste Himmelskörper in der Reihe der Planeten bezeichnet.

- Die Konnotation des Merkur im Namen des damaligen Polarsterns Kochab lässt jedoch auch auf die astrologische Bedeutung des Fixsterns schließen. So charakterisierte Ptolomäus seine Natur als Merkur-Saturn-Verbindung.

- Angesichts des von Qin geschaffenen Beamtenstaats wird die ptolomäische Charakterisierung des Sterns, aus dem der erste chinesische Kaiser seinen Herrschaftsanspruch bezog, sinnfällig.
Der Frühlingsbeginn des Jahres, in dem Qin das chinesische Kaiserreich begründete, bestätigt die Merkur-Saturn-Charakteristik der kaiserlichen Namensgebung. Die Mittagshöhe des Widdereintritts liegt auf 2 Grad Zwillinge, ein Merkur-Saturn-Punkt nach der Münchner Rhythmenlehre: "Die Regelung der Bestimmung". Die Konstellation ist zudem als Spiegelung enthalten und betrifft, mit Merkur im Widder, den Beginn und das Ziel des Frühlingsverbundes.

Widdereintritt des Jahres 221 vor Chr., Xian, Residenzstadt Qins.

20. März 221 v. Chr. (-220 greg.), 16:07 Mittlere Ortszeit, 34° 16′ N, 108° 57′ O

- Mit dem Verbundsführer Widder im achten Haus und dessen Vertreter Mars in Haus Fünf im Steinbock geht es um eine Aggression gegen das Leben des Einzelnen in seiner Bestimmung. Das als Bedrohung empfundene Uneinheitliche, Ungeordnete des Lebens soll im Vorfeld seiner Entstehung,bevor es Gegenwart werden kann, durch das Kalkül der Regelung verhindert werden, mit dem Ergebnis eines durchregelten staatlichen Kollektivs.

- Die Sonne auf Null Grad Widder, auf der Achse des Hauses, wirkt hier wie ein Schnitt, oder, mit dem Mars im

Steinbock, wie ein Riegel im Fluss der Gestalten, der verhindern soll, dass das Unregulierbare des Lebens zur Gegenwart kommen kann.

- Hier wird zum Bild, dass beim Übergang über den Kardinalpunkt Null Grad Widder, im Jahre 1493, unter der Ming-Dynastie, mit dem Bau des aufwendigsten, größten und spektakulärsten Teils der chinesischen Mauer begonnen wurde. Über Bergkämme und Niederungen führend, zieht sich die Ming-Mauer tatsächlich wie ein Schnitt durch das Land. Sie sollte die Angriffe der Mongolen abhalten, wie schon andere Mauern und Mauerteile bereits früher in der chinesischen Geschichte zum Schutz vor Nomadenvölkern errichtet worden waren. Die Ming-Mauer wurde prägend für das Erscheinungsbild der chinesischen Mauer, wie es bis heute besteht.

Die Ming-Mauer, mit deren Bau im Jahre 1493, ein Jahr vor Überlauf über 0° Widder begonnen wurde

- Mit dem Bau von großen Mauern zur Abwehr von Nomadenvölkern wurde in China schon vor 2300 Jahren begonnen. Wie kaum eine andere Kultur scheint die chinesische vom Thema der Abriegelung gegen das Ungeordnete geprägt.

- Es wird in der westlich-esoterischen Rezeption der chinesischen Kultur - einschließlich der chinesischen Astrologie - kaum wahrgenommen, dass eines ihrer hauptsächlichen und frühesten Merkmale in der Eindämmung des Unkontrollierbaren, Fremden, in der Errichtung von Mauern besteht.

- Der Merkur in Haus acht im Widder, aus Haus zehn kommend, mit der Mittagshöhe auf dem Saturn-Merkur-Punkt von zwei Grad Zwillinge, wird zum aggressiven Funktionszwang, der sich, mit Mars in fünf im Steinbock, direkt als Staat gegen das Leben und die Bewegung des Einzelnen und der gewachsenen Verbände richtet.

- Nicht unwesentlich ist, dass sich Kochab, der heute auf 13,5° Löwe steht, zur Zeit Qins, mit einer Präzessionsbewegung von 31,5° zurück, im Orbis des Neptun auf 11° Krebs befand.
Damit nach Ptolomäus Zuordnung einer Merkur-Saturn-Neptun-Verbindung entsprechend. Das ist, sofern der Neptun nicht ins Leben gebracht wird, die Angst vor dem Ungeregelten aus Fische in Haus sieben.

- Das Ungeordnete brach dann als Opium ein. Beim Überlauf im vergrößerten Rhythmus der 7^3, also der 343 Jahre pro Haus, wird der Deszendent im Jahre 1837 angetroffen und Mond-Neptun ausgelöst, damit den ersten Opiumkrieg von 1839 anzeigend, mit dem China durch

England gezwungen wurde, die eigene Bevölkerung mit Opium zu überschwemmen. Der Konflikt war der Auftakt einer Reihe von Kriegen im Wechsel mit Aufständen und einer letztlich völligen Entmachtung der chinesischen Souveränität, die das Reich, im Sinne einer Politik der offenen Tür, in der Folge gleichsam zu einem Kolonialgebiet europäischer Mächte werden ließ. Dies leitete das Ende der Kaiserzeit ein. Aus den nachfolgenden Wirren entstand später die heutige Volksrepublik.

- Die kommunistische Revolution unter Mao fällt in den Orbis der Merkur-Mars-Saturn-Auslösung, die ihren Höhepunkt zwischen 1960 und 1970 erreicht, eine Dekade in der, etwa beim berüchtigten „Großen Sprung nach vorn", das gesamte Land in Kolchosen aufgeteilt und durch eine unsachgemäße Planwirtschaft in eine Hungersnot mit Millionen Todesopfern gestoßen wurde.
Bereits unter Kaiser Qins legalistischer Staatsräson waren Blocks zu je zehn Familien geschaffen worden, die sich gegenseitig zu überwachen hatten und die gemeinsam bei Regelübertretungen und Ungenügsamkeiten zur Rechenschaft gezogen wurden.

- Derzeit, mit 2240 Jahren nach Qins Amtsantritt als Kaiser von Kochabs Würden, steht mit 6,53 Häuserphasen die Jupiter-Auslösung an. Dieser Jupiter befindet sich auf dem Punkt von 22,5 Wassermann, der mit seiner Saturn-Mondknoten-Charakteristik die Erfahrung der Endlichkeit andeutet, die sich mit dem Jupiter gewissermaßen verbreitet.

- Hier findet es sich, dass die Corona-Epidemie ausbrach, als der Pluto über den Mars im Horoskop der Kaiserreichsgründung ging.

- So kann die Corona-Epidemie in ihrer Symptomatik als eine Verbreitung der Regelungswut und der Vereinheitlichungsbeflissenheit Qins in der Anlage des chinesischen Staatswesens gesehen werden. In den Medien wird dies durchaus artikuliert, indem von einer Übertragung chinesischer Verhältnisse die Rede ist.*
Was letztendlich mit den staatlichen Maßnahmen des wirtschaftlichen Erstarrens zur vermeintlichen Eindämmung der Infektionsgefahr forciert wird, sind multinationale Konzerne. Kleinere mittelständische Betriebe haben kaum das Durchhaltevermögen. Hinzu kommt eine massive Ausweitung der Scheinbegegnung des Internets, Orte und ihre Verbände werden bedeutungslos. Ein globales Kollektiv. Entsprechend Qins Motto: Alles unter dem Himmel

- Wie jedes Kollektiv einen Feind braucht, wird der Krieg gegen Corona propagiert. Der französische Staatspräsident beteuerte gleich sechs Mal in einer Rede, man befinde sich in einem Krieg, der amerikanische Präsident griff es auf und es vergeht kaum eine Talkshow zum Thema, ohne die Beschwörung des Krieges gegen die Epidemie. Gespiegelt über den von Wolfgang Döbereiner angegebenen Kardinalpunkt der Epochenrhythmen, Null Grad Krebs im Jahre 1967, befindet man sich derzeit, mit 53 Jahren nach 1967 in der Spiegelung der ersten Monate des Ersten Weltkrieges.

- Und die beklemmende kollektive Beflissenheit etwa des anfänglichen allabendlichen Klatschens in manchen Städten, um den Helden im Kampf gegen Corona Beifall zu signalisieren, erinnert an die parolentrunkene und

fähnchenschwingende Begeisterung zu Beginn des Krieges im Jahre 1914.
Das Kollektiv erscheint dabei gerührt von sich selbst.

- Dies ist vielleicht in Anbetracht der Saturn-Pluto-Merkur-Sonne-Konjunktion am MC des Horoskops der Corona-Namensgebung durch die chinesischen Behörden die eigentliche Symptomatik des Virus.

***

*
DIE ZEIT, Nr. 15 / 2020: *Corona-Krise, Made in China*
Wie von nun an der digitale Leninismus die Welt steuert
ZEITONLINE, 12.März 2020: *Alles unter dem Himmel*

„Besonders muß man sich aber hüten, in irgendeinem Zeitalter darauf Rücksicht zu nehmen, was in dem Zeitalter gerade als Autorität auftritt. ... Das ist insbesondere auf einem Gebiete der Menschheitskultur der Fall, auf dem Gebiete der materialistischen Medizin, wo wir sehen, wie eben das maßgebend ist, was die Autorität in der Hand hat und immer mehr und mehr darauf Anspruch macht, wo das auf etwas hinauslaufen will, was viel, viel furchtbarer, schrecklicher ist als jemals irgendeine Autoritätsherrschaft des so viel angeklagten Mittelalters.

Wir stehen schon heute darinnen, und das wird noch immer stärker und stärker werden. Wenn die Leute so furchtbar spotten über die Gespenster des mittelalterlichen Aber-glaubens, dann möchte man wohl sagen: Fürchten die Leute nicht heute viel mehr Gespenster als dazumal? - Es ist viel schrecklicher, als man allgemein meint, was da vorgeht in der menschlichen Seele, wenn ihr vorgerechnet wird: Da auf der Handfläche sind 60000 Bazillenherde. ...

Müßte man sich also nicht doch entschließen zu sagen: Diese mittelalterlichen Gespenster waren wenigstens anständige Gespenster, aber die heutigen Bazillengespenster sind zu knirpshaft, zu unanständige Gespenster, als daß sie die Furcht begründen sollten, die zudem erst im Anfange ist, und die da macht, daß die Menschen gerade hier, auf gesund-heitlichem Gebiet, in einen Autoritätsglauben geraten werden, der furchtbar ist."

Rudolf Steiner, Vortrag Mannheim, Januar 1911, GA 127, s 22

Zur gesetzlichen Legitimierung der Maßnahmen, die von der deutschen Regierung in der Corona-Krise getroffen worden waren, hatte man am 18.November 2020 das neue Infektionsschutzgesetz beschlossen.
Mit dieser, von einzelnen Parlamentsmitgliedern als "Persilschein" bezeichneten gesetzlichen Grundlage wird dem Gesundheitsministerium künftig die Möglichkeit gegeben, Notlagen zu definieren und auf dieser Basis fundamental in die Grundrechte und Freiheit des Einzelnen einzugreifen.

Im Jahre 1911 sagte Rudolf Steiner einen übergreifenden Sachzwang voraus, der sich einst aus dem industriell-medizinischen Betrieb ableiten würde. Die Aussage ist erholsam in ihrer prognostischen Schärfe.

Beiden Ängste, die vor Gespenstern und die vor Bakterien oder Viren, scheint eines gemeinsam: Sie lassen sich eher nicht aus der alltäglichen Erfahrung und Lebenswirklichkeit des Menschen ableiten.
Wobei im Falle der Gespenster durchaus persönliche Erfahrungsberichte aus nicht-alltäglichen Situationen kursieren.
Anders verhält es sich bei Bakterien und Viren. Eine sinnliche Erfahrung von Viren ist nicht möglich, nur über das Elektronen-mikroskop sind sie sichtbar zu machen.
Jedoch führt es zu einem fatalen erkenntnis-theoretischen Dilemma, wenn mit den elektronenmikroskopisch bzw. instrumentell hergestellten Bildern von Viren, etwa in Form der beharrlich präsentierten gespickten Kugel des

Corona-Virus, eine scheinbare Sinneserfahrung erzeugt wird.
Es entsteht die Suggestion einer, der sinnlichen Vergewisserung adäquaten Realität und Erfahrbarkeit, die der Wirklichkeit des Inhalts nicht entspricht. Eine wirkliche Erkenntnis dessen, was sich in den Viren äußert, kann sich so nicht auftun und wird eher verhindert.

Zudem haben nur einige Wenige Zugang zu den instrumentellen Mitteln, mit denen sich Viren nachweisen oder sichtbar machen lassen. Für den größten Teil der Menschheit bedeutet die Erzählung von den Viren und der Ansteckungsgefahr, die von ihnen ausgehe, eine Bedrohung, die mit ihrer Lebenswirklichkeit nur durch die Verlautbarungen von Experten, zu tun hat.

Die Corona-Krise hat der Gesellschaft zuletzt eine Parallelwelt beschert, in der Virus und Infektionsgefahr den Hauptbestandteil der Nachrichten ausmachen, ohne dass sich dies in der Erfahrungswelt des Einzelnen, entsprechend der von den Medien suggerierten Relevanz wiederfindet.
Erfahrbar sind hauptsächlich die von der Regierung getroffenen einschränkenden Maßnahmen. Sowie die Angst der Menschen angesichts der täglich wiederholten, erschreckenden Infektions-, Erkrankungs- und Todeszahlen, die mit seltsamer Beharrlichkeit als absolute Angaben, ohne sinnvolle Relation zu den Testmengen und ohne vergleichenden Zusammenhang zu den sonstigen Krankheits- und Sterblichkeitsraten vorgetragen werden.

Verantwortlich für die statistischen Erhebungen anhand der Infektionstests ist ein Paradigmenwechsel bei der Weltgesund-heitsorganisation. Demnach gilt im Zuge der

Corona-Krise erstmals ein positiver - dabei ausgewiesenermaßen fragwürdiger Virustest - und nicht mehr die tatsächliche Erkrankung als maßgeblicher Indikator einer Pandemie.

Hannah Arendt weist auf den Anspruch der modernen Naturwissenschaft hin, die persön-liche Erfahrung und Vergewisserung des Menschen zu entrechten und eine Wirklich-keit zu vermitteln, die nur über Instrumente zugänglich ist. Und die schließlich *über das Objekt der Erkenntnis nicht mehr aussage, als eine Telephonnummer von dem aussagt, der sich meldet, wenn wir sie wählen.**

Diese Möglichkeit, eine letztlich fiktionale Realität zu suggerieren und diese für das Leben der Menschen in Form von Regelungen verbindlich zu machen, bildet in Hannah Arendts Sicht ein Wesensmerkmal totalitärer Strukturen:
"Die Kunst des totalitären Führers besteht darin, in der erfahrbaren Realität geeignete Elemente für seine Fiktion herauszufinden und sie so zu verwenden, dass sie fortan von aller überprüfbaren Erfahrung getrennt bleiben"
"Elemente und Ursprünge totaler Herrschaft" Hannah Arendt

Der Satz bildet ein Pendant zu Rudolf Steiners Vergleich der Angst vor Gespenstern mit der Ansteckungsangst und seinem Hinweis auf die sich daraus ergebende Autoritätshörigkeit gegenüber medizinischer Industrie und Gesundheitsbehörden..
Arendt beschreibt letztlich den Wissenschaftsstaat schlechthin, die Diktatur der Experten, deren Verlautbarungen und Glaubenssätze vom Einzelnen weder erfahrbar noch überprüfbar sind.

Weltgesundheitsorganisation

Die Prognose einer künftigen, rigiden Autoritätsherrschaft die sich aus dem Anspruch einer medizinischen Überwachung ergibt, wie von Rudolf Steiner im Jahre 1911 formuliert wurde, bestätigt sich im Horoskop der Gründung der World Health Organisation.

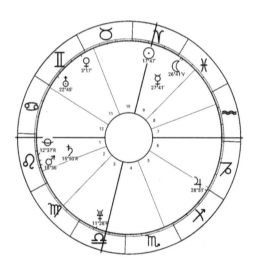

Gründung der WHO am 7. April 1948 in New York, Mittagshoroskop

Angeregt wurde der Gedanke einer Weltgesundheitsorganisation 1945 im Zuge der Gründung der Vereinten Nationen, eine entsprechende Verfassung wurde am 22. Juli 1946 in New York verabschiedet und am 7. April 1948 trat diese nach der Unterzeichnung durch die wichtigsten Staaten in Kraft.

Mit der Sonne auf 17, 8 Grad Widder am MC, nach der Münchner Rhythmenlehre ein Punkt mit Mars-Pluto-Charakteristik, steht dieser Tag als Gründungsdatum eines weltumspannenden industrie-medizinischen Instituts für eine Fremdbestimmung, die mit dem Vertreter Mars im Zeichen Löwe in Haus eins, Zugriff auf das unmittelbare Leben des Einzelnen beansprucht und dieses im Reglement zu verhindern und zu vereinnahmen trachtet.

Bestätigt wird der Angriff auf das Leben und die Gefangennahme des Individuums durch die Verbindung des Mars zu Saturn und Pluto, die ebenfalls in Haus eins im Löwen stehen.

Anschaulich ist hierbei die rhythmische Auslösung, nach der mit 63 Jahren mit sieben Jahren pro Haus das IC überlaufen wird und die Neptun-Sonne-Verbindung akut wird.

Dies war die Zeit des Schweinegrippe-Skandals, in dessen Verlauf die industriellen Verflechtungen der WHO mit der Pharmaindustrie, insbesondere mit der Impfallianz Gavi, Gobal Alliance for Vaccines and Immunisation in bislang nicht gekannter Deutlichkeit für die Öffentlichkeit aufgedeckt und zur Sprache gebracht wurden: Die WHO hatte 2009 die weltweite Schweinegrippe-Pandemie ausgerufen. Vom Robert-Koch-Institut als auch von den Medien wurden alsbald in angsteinflößender Weise Infektionen und schwere Verläufe in zweistelliger Millionenhöhe allein für Deutschland prognostiziert. Milliardenbeträge wurden für Impfstoffe ausgegeben.

Eine entsprechende pandemische Erkrankungswelle blieb jedoch aus.

Vier Jahre später, im Jahre 2013 , im 65. Jahr der WHO und damit bei Neptun-Überlauf in Haus drei, wurde ruchbar, dass der Schweinegrippe-Impfstoff *Pandemrix* schwere Nebenwirkungen und dauerhafte Erkrankungen zur Folge hatte. In Europa waren nahezu 800 Menschen an Narkolepsie aufgrund der bereits verabreichten Impfungen erkrankt.

Im Zuge der Ausrufung der COVID-19- Pandemie im Frühjahr 2020 löst sich, im 72. Jahr der WHO über Jungfrau als Phasenherrscher der Uranus über die Gruppe Merkur-Mond-Uranus-Jupiter aus. Damit steht die Corona-Pandemie für die Infektionsangst - mit Mond-Uranus auch für die Berührungsangst - als Furcht vor dem Unkontrollierbaren des Lebens. Zugleich zeigt Jupiter-Uranus, die bislang ungekannte Popularität und Hervorhebung an, die der WHO im Zuge der Pandemie-Ausrufung zuteil wird.

Bei diesem, wie auch bei ähnlichen Horoskopen aus den Jahren nach dem zweiten Weltkrieg zeigt sich eine auffällige Zäsur nach 72 Jahren.
In diesem Alter wird mit 12 Jahren pro Haus der Deszendent überschritten, ein Rhythmus, der sich bei staatlich relevanten Ereignissen als anschaulich erweist.
So auch beim Horoskop des ein Jahr später verabschiedeten deutschen Grundgesetzes, das am 8. Mai 2021 ebenfalls im 72. Jahr besteht.

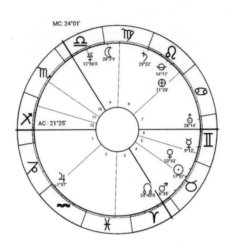

Annahme des Entwurfs des deutschen Grundgesetzes durch den
Parlamentarischen Rat am 8. Mai 1949
Quelle: Wolfgang Döbereiner, *Die Wege des Ortlosen*

Und dem im Zuge der WHO-Ausrufung der Corona-Pandemie im Jahr zuvor, beim Übergang über den DC auf 21,5 Zwillinge, nach der Münchner Rhythmenlehre ein Punkt mit Pluto-Uranus-Charakteristik - und unter Mars-Transit im April '21 mit dem Gesetzesvorschlag eines neuen Infektionsschutzgesetzes - eine fundamentale Infragestellung und ein Angriff auf die dort verankerten Grundrechte widerfährt.

***

Die Wissenschaft denkt nicht

Martin Heidegger

Antarktischer Hirnschwund

Die Titelzeilen einer winterlichen Meldung zum Ende des Jahres 2019 lauteten *Hirnabbau bei Antarktis-Aufenthalt* oder *Antarktischer Gehirnschwund.*
Eine Studie an den Bewohnern der Neumayer-Station, einer deutschen Forschungseinrichtung in der Antarktis, hatte diese Symptome nach den mehrmonatigen, teilweise anderthalb Jahre dauernden Aufenthalten in der Polarregion festgestellt.
Die Neumayer-Station besteht aus einem rechteckigen langgezogenen Gebäuderiegetl. Rote und grau-weiße Konstruktionselemente ruhen auf Stelzen, die im antarktischen Eis verankert sind, ähnlich einem Raumschiff.
Für die zeitweise bis zu zwölf Bewohner eine hermetische Kiste.
Wegen den extremen Außentemperaturen ist es nur mit hochausgerüsteter Schutzkleidung und speziellen Fahrzeugen möglich, die Station zu verlassen. Und auch dann nur für wenige Stunden.
Über neun Monate im Jahr herrscht die Dunkelheit des antarktischen Winters. Eine Art modernes Klosterleben in einer Enklave inmitten einer lebensfeindlichen Umwelt, im Dienst der Wissenschaft.

Bei neurologischen Tests und Messungen stellten sich nun erhebliche Ausfälle bei den kognitiven Fähigkeiten der Langzeitbewohner heraus. Von ihnen selbst waren sie unbemerkt geblieben.

Ein Nachlassen des Bewusstseins. Nicht nur rechnerische Aufgaben wurden schlechter bewältigt als bei den Kontrollgruppen, auch Muster wurden nicht wiedererkannt und das Kurzzeitgedächtnis verblasste.
Diese Ausfälle gingen, wie die medizinischen Messungen zeigten, mit einem Schwund der Gehirnmasse einher. Screenings zeigten Löcher im Gehirn, die entstanden waren.

Die Studienleiter mutmaßten, die Reduktion der Eindrücke und des sozialen Umfelds auf der Forschungsstation, die Monotonie des monatelangen Aufenthaltes in den immer gleichen Räumen mit den immergleichen Gesichtern, dazu die Dunkelheit der antarktischen Nacht über dreiviertel des Jahres seien die Ursache. So habe man bei den Bewohnern der Raumstation ISS eine ähnliche Verringerung der Bewusstseinsfähigkeiten und zugleich der Hirnmasse feststellen können.

Im Unterschied zu den modernen Klöstern der Wissenschaft, sei es in der Antarktis oder im Orbis hoch über der Stratosphäre, ist von einem Schwund des Bewusstseins und der kognitiven Fähigkeiten in den Klöstern vergangener Zeiten nichts bekannt, obgleich doch, wer will, in dem Tagesablauf der Mönche der Antike und des Mittelalters durchaus eine Monotonie erblicken könnte, vor allem bei den kontemplativen Orden, deren Angehörige etwa das Schweigen gelobt hatten oder sogar, wie die Kartäuser, die Einsamkeit der Kartause wählten.
Gerade von den Klöstern gingen jedoch die geistesgeschichtlichen Impulse aus, die das Abendland prägten. Albertus Magnus, Abelard, Thomas von Aquin oder Meister Eckhart waren Klosterbrüder, zwar nicht eines

kontemplativen Ordens, aber durchaus in einer klösterlichen Disziplin lebend.
Auch etliche der christlichen Philosophen und Lehrer der Antike lebten als Einsiedler. Und die zeitgenössische Philosophin Edith Stein verfasste einen wichtigen Teil ihrer Werke als Angehörige der Karmeliterinnen, die das Schweigen gelobt hatten und denen auch, Jahrhunderte zuvor, die Mystikerin Theresa von Avila angehört hatte.

Ein Hirnschwund ist hierbei angesichts des geistigen Raumes, der von Klöstern und Einsiedlern aufgetan wurde eher unwahrscheinlich.
Insofern erscheint die Vermutung, die reduzierten Eindrücke und die Monotonie seien die Ursache des antarktischen Hirnabbaus, als Plausibilisierungsversuch.

Es stellt sich die Frage, ob der Grund des Bewusstseinsschwundes nicht vielmehr in der Reduktion des Lebens auf das Gerätehafte zu suchen ist, das hier zur zwingenden Bedingung des Überlebens gemacht wurde. Ohne das umgebende Instrumentarium könnte der Mensch im Umfeld des Weltraums oder im ewigen Eis nicht überleben.
Der Mensch wird zum Vorgang. Wolfgang Döbereiner

Ein gewaltiges Spannungsverhältnis zwischen Außenwelt und dem Inneren der Station muss durch das Instrumentarium aufrechterhalten werden, so dass der Mensch vom Instrumentarium bestimmt ist, auf diese Weise selbst zum Instrument werden muss. Und dementsprechend sein Bewusstsein abbaut. Er wird zum Vorgang seiner Prothesen, zur Funktion in einer Funktion.

Das mag auch der Grund sein, warum in Ländern, in denen der Fahrradhelm zur Pflicht wurde, etwa Australien, neben dem drastischen Rückgang der Fahrradfahrer zugleich die Unfallhäufigkeit der verbliebenen Radfahrer stieg.
Erklärungen wie z. B. eine höhere Risikobereitschaft bei behelmten Radfahrern oder größere Skrupellosigkeit bei den Autofahrern, denen die behelmten Radfahrer robuster scheinen, dokumentieren die spekulative Beliebigkeit bei der Suche nach Gründen.
Tatsächlich wird deutlich, wie die Fahrradhelmpflicht den Einzelnen einem Regelungszwang unterwirft. ihm einen Helm überstülpt und ihn damit gleichsam zu einer Gerätschaft des Verkehrs macht, damit die eigentliche Gefährdung schaffend, indem ihm das Maß der Eigenbewegung genommen wird.

Es zeigt sich das gleiche Phänomen wie beim Bewusstseinsschwund der zur Gerätedienstbarkeit gezwungenen Bewohner jener Maschinenkomplexe in der antarktischen Eiswüste oder im Orbis, über der Stratosphäre kreisend.

Mit der Sonne im Zeichen Schütze in Haus sechs geht es hier um eine Anschauung und Artikulation der Bedingungen des Lebens. Da die Sonne aus Haus zwei kommt bezieht sich diese auf die Auswirkungen einer spezifischen Reviersituation.
Jupiter, der Vertreter des Schützen, in Haus sieben gibt dabei als Verbundsführer das Thema des Bewusstseins bzw. des Verhältnisses von kognitiver Bewusstheit und Bewusstsein vor.

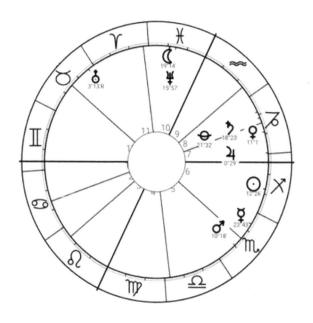

Freigabe zur Veröffentlichung der „Studie Brain Changes in Response to Long Antarctic Expeditions" durch das *New England Journal of Medicine*, 4. Dezember 2019, 17:00 Uhr, Waltham, Massachusetts.

Laut Auskunft des *NEJM* wurde die Meldung am 4. Dezember 2019 um 17:00 freigegeben, so dass sie im Laufe des folgenden Tages in den internationalen Medien erscheinen konnte. Daher sind Uhrzeit, Ort und Datum verbindlich für nachfolgende Veröffentlichungen zu diesem Thema.

Das Mittelzeichen Skorpion aus Haus fünf, dessen Vertreter Pluto in Haus acht in Konjunktion mit Saturn steht, verweist auf eine Gefangenschaft des Lebens, in der die Gegenwart nicht zugelassen ist: Es gibt keine Begegnung, weder mit der Außenwelt noch unter den Teilnehmern. Stattdessen wird die Nicht-Gegenwart des

Aufenthalts in einer hermetischen Wohnmaschine in der Eiswüste zur Anschauung. Das ist das Thema der Studie.

Venus als Herrscher der Waage in Haus Sieben im Steinbock zeigt das Resümee der Auswirkung dieser Gefangenschaft auf das Bewusstsein - mit der Verbindung zu Neptun in den Fischen in Haus zehn deutet sich unter anderem ein Gewebsschwund an, in diesem Fall des Gehirns.

Die Reduzierung des Lebens der Individuen auf eine Funktion in einem Forschungsgerät bestätigt sich nicht nur durch Merkur im Skorpion, sondern auch durch die Sonne-Saturn-Verbindung von Haus sechs zu Haus acht, sowie Saturn-Pluto, als Rückseite von Merkur-Pluto, der Konstellation des Funktionszwangs und der Regelung, mit der die Bestimmung des Einzelnen verdrängt wird.

Eine besondere Beachtung verdient der Jupiter auf dem Kardinalpunkt Null Steinbock. Dieser Verbund beginnt mit den Fischen in Haus zehn, mit dem MC auf 0.5 Grad Fische, und steht im Zeichen der Mond-Neptun-Konjunktion.
Darin ist die Lücke von Saturn-Uranus enthalten und damit ein Spannungsverhältnis angezeigt, das sich hier in der offensichtlichen Unvereinbarkeit des Aufenthaltes in einer Eiswüste zeigt. Entsprechendes zeigt auch der Deszendent auf 26 Grad Schütze an, dem Punkt mit der Mond-Neptun-Charakteristik. Es ist der Blick auf das Leben hinter Glas, ein Schneewittchen-Sarg in der Arktis. Oder, im Fall der ISS-Raumstation, im Orbis hoch über der Stratosphäre.
Die Symptomatik tritt im Falle dieser besonders extremen Spannung zwischen Innenwelt und äußerlichen

Bedingungen deutlich hervor. Auch wegen des fokussierten wissenschaftlichen Interesses. Jedoch dürfte davon, wenn auch in weitaus geringerem Maße, jegliche Situation betroffen sein, bei der ein über technische Prothesen erzeugtes oder aufrechterhaltenes Spannungsgefälle besteht. siehe: *Die Wohnmaschine*

Spekulationen, nach denen man bei Reisen durch den Weltraum. die Monotonie des monantelangen Eingeschlossenseins durch bestimmte Übungen, Medienangebote und Verhaltensweisen ausgleichen könnte, um Bewusstseinsabbau und Hirnschwund, zu verhindern, gehen daher fehl. Bei einer Reise zum Mars und zurück, die nach derzeitigem technischen Stand etwa eininhalb Jahre dauern würde, wären die Symptome ohnehin nicht absehbar, da das Spannungsverhältnis zur Umgebung ein ungleich größeres wäre, als in der Antarktisstation. Dies erst recht, bei noch längeren Reisen in hermetischen Geräten.

***

Wenn wir uns Raumstationen vorstellen, die im ansonsten leeren Weltraum aneinander vorbeitreiben, ... Aus dem Alltag bekannt ist uns das Konzept des Raums, einer Art Bühne für die Objekte unserer Welt, die ihre Lage oder ihre sonstigen Eigenschaften mit der Zeit verändern.
Web-Seite des Max-Planck-Instituts für Gravitationsphysik Einstein für Einsteiger

Ich kann die Zeit als Gestaltlose nicht messen, weil sie dann keine Zeit mehr ist im Gestalthaften. Das Gestaltlose, also die Form der Ausübung von Erscheinung hat keine Zeit. Das sind die Titanen, die sind darauf angewiesen den Lebenden die Zeit zu stehlen, damit sie Erscheinung bleiben - und das mißt Einstein. Messen Sie eine Zeit im luftleeren Raum. (...)

wenn jemand Macht will, dann schleicht er sich ein durchs Relativieren. Wenn einer Ihnen je mal ein paar harte Wortkanten gegen die Waden schleudert, dann können Sie sicher sein, daß er keine Macht will. Aber wenn er relativiert, dann können Sie sicher sein, daß er sich einschleicht. ...

Es konnte nicht lange dauern, bis einer kam und die Relativitätstheorie entwickelt hat,- es ist keine Frage. Den hätte man als Prophet vorhersagen können. Man hätte sagen können, "Es kommt einer und der wird als der große Geist der Welt angesehen, der große Denker, der wird die Relativitätstheorie daherbringen, für alle Ortlosen"
Die Relativitätstheorie ist ein Meilenstein in der Geschichte der Selbstentsorgung der Menschheit,- das muß man eben begreifen ...

Wolfgang Döbereiner

Raumschiffwelten

Einsteins Fahrstuhlexperiment
Zur naturwissenschaftlichen Kosmologie

- An der Vorstellung von Raumstationen oder Raumschiffen in der schwarzen Schwerelosigkeit des "ansonsten leeren Weltraums", scheint die grundlegende Erkenntnisfindung des modernen, naturwissenschaftlichen Weltbildes zu hängen. Ist es nicht merkwürdig, dass der letzte Ort der menschlichen Vergewisserung und Wahrheitsfindung eigentlich im luftleeren und schwerelosen All gewähnt wird?

- Oder in der Teilchenbeschleunigungsmaschine.

- Dieser Tage wurde erneut ein Beweis der Relativitätstheorie präsentiert. In der Nähe eines Schwarzen Loches habe sich Einsteins Gravitationstheorie bestätigt, so der Bericht.

- Es ist schon eine Besonderheit. Von keiner anderen wissenschaftlichen Theorie wird so oft berichtet, dass sie erneut bewiesen sei.

- Das hat vermutlich damit zu tun, dass sie sich mit dem Erleben und mit der Erfahrung des Menschen kaum vereinbaren lässt. Es scheint, als müsse ihre Gültigkeit stets neu versichert werden.

- Trotzdem versucht man ihre Inhalte gerne in sinnlichen Anschauungsbildern zu vermitteln. Die bei Annäherung an Lichtgeschwindigkeit gewähnte Zeit- und Raumverzerrung der Relativitätstheorie wird dabei anhand eines fahrenden Zuges vorgestellt. Wenn die Lichtgeschwindigkeit nur 30 Meter in der Sekunde anstatt jene annähernd 300.000 Kilometer betrüge, würde die Zeit im Zug sich gegenüber der Zeit des Bahnhofs, von dem dieser abgefahren ist, verlangsamen, je mehr der Zug sich den 30 Metern pro Sekunde nähern würde. Und die Straßen, Häuser und Bäume, an denen er vorüberführe, erschienen dann seltsam gestaucht und verzerrt.

- Letzteres irritiert weniger, als dass die Zeit langsamer vergehen soll.

- Das Gedankenspiel mit dem Einstein-Zug soll eine Art Lupe oder Mikroskop darstellen. Bei diesem werden sinnlich nicht zugängliche Vorgänge mithilfe der optischen oder elektronischen Vergrößerung des Geräts als scheinbar sinnlich erfahrbare Vorgänge dargestellt. Auf diese Weise scheinen sie jene Evidenz zu vermitteln, die bis dato nur den Sinnen zugebilligt worden war. Beim Einstein-Zug wird nun die Lichtgeschwindigkeit gedanklich auf den Bereich sinnlicher Wahrnehmung reduziert, indem die angenommene Längenkontraktion oder Zeit-dehnung schon bei 30 Metern pro Sekunde eintritt. Auf diese Weise wird eine falsche sinnliche Erfahrbarkeit und Wahrheitsfindung und damit eine Zuständigkeit für das Leben des Menschen, suggeriert, die es aus inhaltlichen Gründen nicht geben kann.

- In einem Raumschiff, das sich nur ein wenig der Lichtgeschwindigkeit nähern würde und das vielleicht 60

Jahre unterwegs ist, so ein weiteres bekanntes Beispiel, würde die Zeit derart langsamer vergehen, dass von einem Zwillingspaar der zuhause gebliebene Bruder um 60 Jahre gealtert wäre, während für den mitgereisten Bruder im Raumschiff nur 3 Jahre vergangen wären.

- Es ist in der Tat etwas Grundsätzliches, das an der Sache irritiert und über eine Erklärung durch Wahrnehmungsgewohnheiten hinaus-geht: Die Zeit wird gewissermaßen auf Basis der Zeit relativiert.
Eine Zirkelschlüssigkeit wie in Münchhausens Erzählung, in der er sich am eigenen Zopf aus dem Sumpf zieht.
Es wird von einem Ohnehin-Ablauf der Vorgänge ausgegangen. Die Relativierung von Zeit und Raum setzt einen vorgegebenen Raum und eine vorgegebene Zeit als Kontinuum voraus. Die Raum-Zeit-Relativierung geschieht also gleichsam auf der Basis eines unterschwellig nach wie vor absoluten Raumes und einer absoluten Zeit als Behälter.

- Eine frühe, prägnante Widerlegung Einsteins erfolgte am 6. April 1922 durch Henri Bergson im Rahmen eines Streitgesprächs an der Pariser *Société de Philosophie*, bei der Bergson eine Reihe von erkenntnis-theoretischen Unstimmigkeiten, willkürlichen Annahmen wie auch ontologischen Übergriffen der Relativitätstheorie bloßlegte.
Auch er greift die der Relativitätstheorie zugrundeliegende Reduzierung des Werdens der Gestalt auf einen Vorgang heraus:
"da man das, was man als im Entstehen begriffen wahrnimmt, durch etwas fertig Entstandenes ersetzt hat, hat man einerseits das der Zeit innewohnende Werden

eliminiert und andererseits die Möglichkeit einer unendlichen Menge anderer Prozesse eingeführt".
Henri Bergson, *Dauer und Gleichzeitigkeit: Über Einsteins Relativitätstheorie,*

- Der Ort der sinnlich erfahrbaren Vergewisserung der Welt war für den Menschen seit jeher zwischen Himmel und Erde, gegenüber dem Horizont, aus dem morgens im Osten die Sonne aufgeht, um am Abend im Westen unterzugehen. Mit dem Aufkommen des heliozentrischen Weltbildes wurde diese Vergewisserung als unzulässig erklärt. Die sinnliche Erfahrung galt fortan nicht mehr als vertrauenswürdige Quelle des Erkenntnisgewinns. Berechnungen und Instrumente versicherten scheinbar grundlegendere Wahrheiten.

Die Erde, ein Körper im Weltraum, drehte sich nun um die Sonne, ebenfalls ein Körper im Weltraum, so dass sich in der sinnlich vermittelten Vorstellung der Planeten-modelle der Ort des Menschen irgendwo im All, meist zwischen Mars und Jupiter, oberhalb des gesamten Planetensystems, auf dieses hinabschauend, befindet.

Es ist heute kaum mehr nachvollziehbar, was es für den Menschen zur Zeit der kopernikanischen Wende bedeutet haben muß, wenn ihm nunmehr als Wahrheit vermittelt wurde, die helle Weite des Himmels sei nur ein Fleck im Weltraum und der Himmel kein Oben. Ein wirkliches Oben existiere gar nicht, die Erde sei nur ein Körper im leeren Raum, mit anderen Körpern, um die Sonne kreisend.

In den Bahnen einer festgelegten Mechanik, gleich einem Uhrwerk, wie es ihm in den damals geläufigen Konstruktionen einer Weltmaschine demonstriert wurde.

Aber auch die Verlässlichkeit dieser Schau währte nicht lange. Seit dem Aufkommen der Relativitätstheorie wird die Vorstellung einer sinnlichen Erfahrbarkeit der kosmischen Bewegungen gänzlich im schwarzen, schwerelosen Weltraum verortet. Der Rahmen des Raums als Bühne, den das heliozentrische Weltbild, wenn auch schwebend im All, noch gewahrt hatte, ist aufgehoben. Es gibt letztlich keinen Standpunkt mehr.

Nicht die eigentliche heliozentrische Sicht, denn diese wäre ja von der Sonne aus. Bei diesem Modell befindet sich der Ort des Betrachters im schwerelosen Raum, jenseits der Marsbahn, mit Blick auf Mars, Erde, Venus und Sonne.

- Die Vorstellung des Raums als Bühne für die Objekte der Welt geht auf die Entdeckung der perspektivischen Konstruktion in der Renaissance zurück.
Mit ihr war es möglich geworden, auf der zweidimensionalen Malfläche die Illusion eines Raums zu konstruieren, eine sich scheinbar erstreckende, drei-

dimensionale Ebene mit Fluchtpunkten auf der Horizontlinie. Ein Bühnenrahmen. In diesen Raum konnte man die zu malenden Objekte nach den perspektivischen Regeln hineinstellen.
Ein vorausgesetzter Raum als Bühne, Raum und Zeit als Behälter der Objekte und Geschehnisse. Ein kantiger Raum, der kantige Körper bevorzugt.

Ebene mit Kuben und perspektivischen Fluchtlinien

Die Vorstellung bildete die Grundlage des entstehenden naturwissenschaftlichen Denkens, in dem die Ereignisse als determinierte Vorgänge vorausgegangener verursachender Vorgänge in einer vorausgesetzten Zeit gesehen wurden.
Eine Weltsicht, nach der Descartes später das Universum als "Ideale Maschine" bezeichnete und die bei Newton zur Basis der Klassischen Physik wurde - ein absoluter Raum und eine absolute Zeit, die als Behälter der Objekte und Ereignisse vorausgesetzt sind. Kant komplementierte dies philosophisch, indem er Raum und Zeit als *apriori* für jegliche Erkenntnisgewinnung postulierte.

- Der Raum als Bühne ist statisch, sein Rahmen ist kantig rechteckig.

- Seitdem Einsteins Relativitätstheorie publik wurde, weicht die öffentliche Vorstellung eines Raumes als Bühne, mit einem Horizont, der Oben und Unten teilt, in dem mehr oder weniger übersichtlich die Objekte existieren, einer ganz anderen Weltsicht, einem Raum, der schwerelos und schwarz ist, in dem es kein Oben und Unten gibt, der ungeteilt ist und der auch eine Öffnung im Sinne der Ferne und des Horizonts, wo Himmel und Erde zusammentreffen, nicht mehr kennt.

- Dies ist der Raum der Raumschiffe und Raumstationen, der abgeschlossenen Orte im schwarzen schwerelosen Raum des Alls. Auch die Erde wird im Zusammenhang mit der Umweltschutzthematik gerne als "Raumschiff Erde" bezeichnet.
Damit soll verdeutlicht werden, dass die Ressourcen nicht unerschöpflich sind, sondern die Erde nur ein begrenzter, hermetisch abgeschlossener, auf sich selbst gestellter Körper ist, der sich durch die Schwärze des unendlichen Raumes bewegt. Dass die vorgeblich zu schützende Natur darin umso mehr als Zweckgerätschaft und nicht als Gestalt betrachtet wird, könnte sich kaum deutlicher äußern

- Von Raumschiffen erzählen Filme und Romane schon eine Weile. Seit einigen Jahrzehnten bilden sie jedoch nahezu das Hauptelement der Unterhaltungsindustrie. Was in den 1950er und 1960er Jahren noch der Westernfilm darstellte, wurde mehr und mehr durch das Weltraumepos abgelöst. Science Fiction wurde mittlerweile zum Unterhaltungsstoff schlechthin. Fernsehserien wie *"Star*

Trek" oder der Kinofilm *"Star Wars"* initiierten diese Entwicklung.
Heute findet sich unter den Blockbustern kaum einer, der nicht, zumindest teilweise, im Weltraum spielt.

- Warum werden sie Schiffe genannt?

- Weil ihr Medium das Ungeteilte ist. Eigentlich sind es Unterseeboote. Kein Horizont und auch keine wirkliche Weite. Die Formel von den „unendlichen Weiten", die das Raumschiff Enterprise im Aufspann der Serienfolgen durchkreuzt, ist eine aus dem irdischen Erleben übertragene Vorstellung.
Der Raum der Raumschiffe selbst kennt keine Weite, denn Weite kann nur erfahren werden, wo Horizont, wo Oben und Unten ist. Raumschiffe hingegen sind Unterseeboote, die nie auftauchen können.
Anders als die Unterseeboote im Meer, kleine, abgeschlossene technische Prothesen im Ungeteilten, können Raumschiffe nie an eine Oberfläche durchstoßen. Der unendliche schwerelose schwarze Raum ist ihr Manifest.

- Eine Weichenstellung zu dieser Weltsicht war Einsteins Fahrstuhlexperiment.
Es war der Gedankengang, aus dem Einstein laut eigener Aussage die Relativitätstheorie entwickelte.
Ein Fahrstuhl im schwerelosen All, ein anderer, auf der Erde, vielleicht in einem sehr hohen Gebäude, befindet sich im freien Fall. Für den Insassen des irdischen Fahrstuhls ist sein Zustand in der geschlossenen Kabine nicht vom Zustand der Schwerelosigkeit des im All befindlichen zu unterscheiden.

Würde schließlich der freie Fall der Kabine langsam abgebremst und käme auf dem Erdboden zum Stillstand, so würde der Fahrstuhlinsasse im All dieselbe Erfahrung machen, wenn sich sein Fahrstuhl in Bewegung setzen und er auf diese Weise gegen den Boden der Kabine gedrückt würde. Schwerkraft, so Einsteins Folgerung, entspricht einem beschleunigten Bezugs-system.

- Wie gelangt der Passagier im All in den Fahrstuhl?

- Er hat keine Geschichte, keine Zeit des Weges. Das war es, was bereits Henri Bergson angemerkt hatte. Das Gedankenexperiment basiert auf der Isolierung der Bewegung. Sie wird dadurch ihrer Geschichte, ihrer Gestalt beraubt und zum bloßen Ablauf, zum Vorgang. Die Dauer der Fahrstuhlfahrt im All kann nur sehr begrenzt ausfallen. Auch sollte der Fahrstuhlinsasse nach einer gewissen Zeit wieder nach Hause dürfen.

- Daher ist es eben ein Gedankenexperiment. Es bezieht sich nur auf die wenigen Augenblicke der Schwere-losigkeit.

- Eben das. Es reduziert die Gestalt auf einen Vorgang. Anfang und Ende, die Entwicklung des herausgestellten Zustands werden ausgeblendet. Diese aber gehören zu der Geschichte.
Es ist das Kennzeichnende an diesen naturwissen-schaftlichen Anschauungssystemen: Sie müssen immer den Zustand des Besonderen, des Separierten schaffen . Sie vermeiden es, sich auf die sinnliche Erfahrung des Menschen im Leben zu beziehen.
Das ist es, was im Jahre 1922 schon Bergson kennzeichnete.

Zugleich werden aus dem separierten Vorgang aber ontologische Feststellungen bezogen, die das tägliche Erleben prägen, nämlich, dass Bewegung, Leichtigkeit und Schwere und der Ort des Menschen relativ seien.

- Ausgang des Fahrstuhlexperiments war wiederum jene Irritation, die mitunter Zugreisende erleben, wenn sie aus dem Fenster schauen und zunächst nicht unterscheiden können, ob sich der Zug auf dem Nachbargleis oder der eigene in Bewegung gesetzt hat. Bewegung und Ruhe sind relativ geworden.

- Es bedarf doch nur eines Blicks aus dem gegenüberliegenden Fenster und schon wäre die Frage beantwortet. Auch hier basiert die Relativierung auf der Verengung des Erlebens, auf der Reduzierung zu einem Vorgang. Wobei bereits der Zug eine solche Verengung darstellt, in der die Gestalt des Reisens auf das Zurücklegen von Strecken reduziert wird und die Wege, die sich aus der Unterschiedlichkeit der Orte ergeben, kurzgeschlossen sind. Ein Konstrukt der Ortlosigkeit.
Schon bei der Frage, ob sich der eigene Zug oder der Nachbarzug in Bewegung setzt, bedarf es der unselbstständigen Fort-bewegung als Bedingung. Denn ein Gehender weiß, wann er zu gehen beginnt. Es bedarf auch der ruckelfreien Gerätschaft, der Verbindung von Rad und Schiene, denn auch ein Kutschenfahrgast wüsste, ob es die eigene oder die Kutsche vor dem Fenster ist, deren Fahrt anhebt.

Die Reduzierung der Bewegung auf einen Vorgang ist nur möglich, weil sie bereits auf Konstrukte zurückgreift, die diese Redu-zierung enthalten und produzieren.

Die Zeit der Relativität ist also stets bereits die Zeit des Gerätes, des gestaltlosen Vorgangs. Einsteins Zeit gibt es gar nicht. Sie ist ein irreführendes Konstrukt, ausgehend von der Vorstellung einer vorausgesetzten Zeit und eines vorausgesetzten Raumes. Es ist nicht die Zeit des Werdens der Gestalt. Denn Zeit und Raum entstehen erst aus der Scheidung von Innen und Außen, aus der Bildung von Zentrum und Peripherie. Sie gehen aus der Beziehung von *Ich und Du* hervor.

Die Raumverzerrung

- Eine weitere Folgerung Einsteins, neben jener, nach der Beschleunigung und Gravitation physikalisch dasselbe, ein absoluter Standpunkt nicht existent und jede Bewegung relativ seien, war die anhand des Zug-Beispiels beschriebene Verzerrung bzw. Zusammenziehung der Zeit und des Raumes. Sie basiert in der Relativitätstheorie auf der formelhaften Anwendung der Konstanz der Lichtgeschwindigkeit. Einigen Experimenten zur Messung der Lichtgeschwindigkeit hatte man entnommen, dass sie sich nicht etwa addiert oder verringert, wenn sich die Lichtquelle selber bewegt, und sie auch nicht schneller oder langsamer wird, wenn sich ein Beobachter auf sie zu oder von ihr weg bewegt, sie also eine absolute Größe darstellt.*

Wenn die Lichtgeschwindigkeit absolut ist und unabhängig von jeglicher Bewegung stets die gleiche bleibt, muss sich, da diese sich aus dem Verhältnis der zurückgelegten

Strecke im Raum und der verflossenen Zeit ergibt, der Raum und die Zeit relativ zum Bezugssystem verändern.

Das führt zur Vorstellung eines relativ verzerrten Raumes und einer relativ verlangsamten Zeit: In einem sich beschleunigenden Körper sollte die Zeit langsamer vergehen als beim sich dazu relativ in Ruhe befindlichen Betrachter. Zeit und Raum winden sich hierbei, verziehen sich gewissermaßen kaugummiartig um die Konstanz der Lichtgeschwindigkeit, die das ausschlaggebende Absolutum darstellt.

Da sich Gravitation als der Beschleunigung gleich ergeben hatte, musste so auch in einem Schwerefeld die Zeit langsamer vergehen als in dessen Peripherie oder gar in der Schwerelosigkeit.

- Auf diese Weise ist bei Einstein der Raum, der zuvor bei Newton noch einen statischen Bühnencharakter hatte, zu Kaugummi geworden. Rudolf Steiner bemerkt, dass man das vorherige *"starre Weltbild"* der Physik nun *"schleimig, molluskenhaft"* gemacht habe. Relativ; der Raum je nach Bezugssystem gekrümmt gedehnt oder zusammengezogen, so auch die Zeit, hier soll sie langsamer vergehen, dort schneller.
Indem jedoch Zeit und Raum auch bei Einstein weiterhin als Behälter der Ereignisse vorausgesetzt sind, erscheint der absolute Raum Newtons zwar vordergründig relativiert, in Wirklichkeit wurde er jedoch auf eine ungreifbare, *molluskenhafte* Weise weiter verabsolutiert.

- So dass das heutige Weltbild aus dem ortlosen, unendlichen Raum der Raumschiffe besteht.

- Die Erde ein Raumschiff kein Oben kein Unten. Das ungeteilte Namenlose wird zum konkreten, gleichwohl unendlichen Raum im Bild des schwarzen Weltraums.
Raumschiffe darin wie Unterseeboote die nie auftauchen, nie eine Oberfläche eine Öffnung erreichen können, keinen Himmel sehen können. Weil es keinen Himmel gibt in diesem Weltbild, die Öffnung ist die des schwarzen Lochs. Die Weite des Horizonts wurde zum Eventhorizont des Schwarzen Lochs.
Das Raumschiff als ein hermetisch Abgeschlossenes, als Konservendose im Ortlosen.

- Indem der Zeitfluss relativ sein soll, wird die Zeit als Kontinuum des Ablaufs der Vorgänge absolut. Sie wird nicht begriffen als aus der Ich-Du-Beziehung geboren.

- Der Widerspruch eines quasi in den Hintergrund verschobenen absoluten Raumes und einer absoluten Zeit als Behälter der Vorgänge, anhand dessen Raum und Zeit der Vorgänge wiederum relativiert werden, wurde schon von Zeitgenossen hervorgehoben.

- Einsteins Relativität setzt einen stets relativierenden absoluten Betrachterpunkt voraus. Er wird freilich nie greifbar, nie konkret.sondern weicht immer wieder aus, setzt aber gerade damit einen absoluten Raum und eine absolute Zeit voraus, eine molluskenhaftes Ohnehin-Kontinuum.
Newtons und Kants kantiges Bühnen-Universum wurde, im Sinne Steiners, durch ein kaugummiartiges ausgewechselt.

Der vorausgesetzte Raum

- Es birgt jedoch noch eine tiefere Widersprüchlichkeit, die bereits in Newtons Auffassung von Raum und Zeit als Behälter der Ereignisse enthalten ist: Ein Raum und eine Zeit als Voraussetzung der Ereignisse, die wiederum nur als Vorgänge begriffen werden, impliziert die Vorstellung eines hierarchisch vorangestellten leeren Raumes und einer zunächst leeren, ereignislosen Zeit, eines Raumes, der nur Ausdehnung ist, und einer Zeit, die nur Dauer ist.
Ein Raum als Ausdehnung ohne Inhalt ist jedoch nicht denkbar, ebenso nicht eine Zeit ohne Ereignisse. Es wäre die Ausdehnung einer Ausdehnung. Sie würde sich begrifflich aufheben. Ebenso wie die Dauer einer Dauer.

- Ein Raum ist nicht denkbar ohne Mitte und Peripherie. Das ist die Trennung von Himmel und Erde, von Innen und Außen, von Ich und Du. Mit dieser Trennung beginnt die Genesis, sie ist das erste, das Prinzip des Ereignisses.

- Mit der Lehre vom heliozentrischen Weltbild war das Erlebnis von Aufgang und Untergang der Sonne zur Unwahrheit deklariert worden, mit der Relativitätstheorie konnte man zwar nun behaupten, dass der Standpunkt einer am Horizont auf- und untergehenden Sonne genauso seine Gültigkeit hatte, wie die heliozentrische Vorstellung einer Sonne in der Mitte und einer, um sie herum kreisenden, sich dabei um ihre eigene Achse drehenden Erde, jedoch war ein Standpunkt der Person, der in der heliozentrischen Vorstellung noch gedacht werden konnte, hiermit endgültig aufgelöst – der Ort war nun überall und nirgends.

- Hannah Arendt wies auf das Missverständnis hin: *Wenn die Wissenschaft heute darauf hinweist, dass wir ebensogut annehmen können, dass die Erde sich um die Sonne dreht, wie dass die Sonne sich um die Erde dreht, dass beide Annahmen sich mit dem Phänomen in Einklang bringen lassen und dass der Unterschied nur eine Differenz des jeweils gewählten Bezugspunktes ist, so bedeutet dies keineswegs eine Rückkehr zu der Position des Kardinals Bellarmin oder des Kopernikus, also zu einer astronomischen Wissenschaft, die mit Hypothesen den beobachteten Phänomenen gerecht zu werden suchte. Es bedeutet vielmehr, dass wir den archimedischen Punkt im Weltall noch weiter von uns weg verlegt haben, so weit nämlich, dass weder Sonne noch Erde als Mittelpunkt eines geschlossenen Systems erscheinen. Es bedeutet, dass wir uns auch an ein Sonnensystem nicht mehr gebunden fühlen* ...Hannah Arendt, Vita aktiva

- Auch das Erlebnis der Schwere wurde nun zum Trugbild erklärt – Schwerkraft war nur eine relativistische Raumerfahrung der Beschleunigung. Ebenso verhält es sich mit der Zeit und der Gegenwart. Nachdem das Erlebnis von Auf- und Untergang der Sonne am Morgen und am Abend als relativ und damit als nichtig erklärt worden war, wurde nun auch das Erlebnis der Schwere wie auch der Zeit als nur relative Erfahrung betrachtet. Und damit gleichsam als nicht wirklich.
Das mag der Grund sein, warum mit verlässlicher Regelmäßigkeit in den Titelzeilen der Pressemedien proklamiert wird, es sei wieder ein Beweis für die Relativitätstheorie gefunden worden.

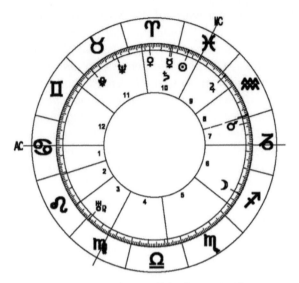

Albert Einstein, 14. März 1879, Ulm, 11:44 Uhr

- Zu Einsteins Horoskop, mit dem Verbundsanführer Neptun in Haus elf im Stier bemerkt Wolfgang Döbereiner, es könne den Titel haben *"Über den Ursprung der Erscheinung"*. *Wandel des Lebens im Tierkreis*
Wobei Einstein als Physiker den Ursprung der Erscheinung, im Sinne der vorausgesetzten Zeit und des vorausgesetzten Raumes, in der Erscheinung selber sucht.
Das ist der leviathanische Zirkelschluss.

- Die Originalität der Relativitätstheorie bestand weniger darin, etwas völlig Neues darzustellen, als dass Einstein die seinerzeit vorhandenen physikalischen Erkenntnisse, etwa die Konstanz der Lichtgeschwindigkeit, die Relativität der Bewegung sowie die Längenkontraktion, anhand seiner Gedanken-experimente im Rahmen der naturwissen-schaftlichen Prämissen einer gewissen

Konsequenz unterzog und sie insofern bündelte und vereinheitlichte.

- Wenn sich der Raum in Einsteins Relativitätstheorie, quasi aufgehoben, "molluskenhaft" entzieht, so entspricht dies der Stellung des Neptun im Zeichen Stier in Haus elf.
Mit dem Pluto im Spiegel im selben Zeichen wird der Raum jedoch zugleich auf ungreifbare Weise als absolut vorausgesetzt. Dies ist die Aussage der Neptun-Pluto-Verbindung im Stier in Einsteins Horoskop.
Es ist der schwarze schwerelose Raum - mit Neptun-Pluto als das Abgeschlossene im Ungeteilten, das Unterseeboot und das Raumschiff.
Neptun ist der Verbundsherrscher mit der Sonne in den Fischen in Haus zehn. Mitgeführt wird die Saturn-Merkur-Konjunktion als die Konstellation des Relativierens im Sinne der Verweigerung der Zeit der Gestalt.

Mit Steinbock in Haus sieben wird Saturn-Merkur prägend für das öffentliche Bewusstsein - Einstein lieferte die Plausibilisierung einer Ortlosigkeit und einer Verweigerung der Zeit der Gestalt, wie sie bis dato noch nicht präsent war: die Relativitätstheorie, die das Vertrauen in das Empfinden und in die persönliche Vergewisserung in fundamentaler Weise angreift und die den Ort des Menschen in die Vorstellung eines schwerelosen, schwarzen Raumes projiziert.

Es ist daher sinnfällig, wenn das Erscheinen des Films *"Star Wars"*, der im Jahre 1977 mithilfe computeranimierter Tricktechnik eine neue Dimension der Raumschiffwelten im Kino einleitete, in Einsteins Horoskop mit der Auslösung des Mars einhergeht, der zum

Neptun gehörend, in Haus sieben, auf die Öffentlichkeit einwirkt.

Und der nach Wolfgang Döbereiner im Falle Einsteins *"die Vorgänge der Erscheinung zum Zeichen macht, die das Bewusstsein der Gegenwart besetzen"* . *Wandel des Lebens im Tierkreis*

Im 98. Jahr nach Einsteins Geburt wird im Rhythmus der sieben Jahre pro Haus, nachdem das Horoskop einmal mit 84 durchlaufen ist, nach weiteren 14 -15 Jahren, durch Widder nach Haus zehn gehend der Mars in Haus sieben ausgelöst. Zugleich wird die Venus überlaufen, die Neptun-Pluto in Haus elf mitbringt, den schwarzen Weltraum

- Dies ist ein Grund, warum heutige Geschichten, fernab einer erlebten Wirklichkeit, im schwerelosen All spielen und warum Kinder sich die Zukunft als Raumschiff vorstellen.

- Einstein veröffentlichte seine erste, die *Spezielle Relativitätstheorie,* im Jahre 1905, im Alter von 26 Jahren. Dies geschieht, im Sieben-Jahres-Rhythmus der Münchner Rhythmenlehre, mit Auslösung des Neptun und bei Überlauf des Jupiters. Zehn Jahre später, im Jahre 1915, bei Überlauf des Mars in Haus Sieben im Steinbock publizierte er die *Allgemeine Relativitätstheorie,* die mit der These von der relativen Zeit fortan das Bewusstsein der Zeit besetzen sollte - es gibt keine Gegenwart in Einsteins Welt.

So lautet etwa ein Titel einer Web-Seite des Max-Plank-Instituts zur Relativitätstheorie: *"Von der Nichtselbstverständlichkeit des Jetzt"*.

Dies, weil es nicht möglich sei, Gleichzeitigkeit messbar zu machen. Das *Jetzt*, die Gegenwart wird dabei mit der Messbarkeit von Gleichzeitigkeit verwechselt.
Ein Scheinproblem, das gleichwohl die Aussage generiert, es gebe keinen Augenblick.
Und damit keine Begegnung. Damit den Menschen in die Isolation hinein manövrierend.

- Mit einem Schlag weltberühmt wurde Einstein mit vierzig Jahren unter Auslösung der Uranus-Jupiter-Konjunktion durch Wassermann, der nach Haus sieben geht. Anlass war die Sonnenfinsternis von 1919.
Zeitungsschlagzeilen, zuerst aus den USA feierten förmlich Einsteins Theorie, als habe man drauf gewartet.
Die Aussage, Raum und Zeit seien von nun an als relativ aufzufassen, ging von da an um die Welt.
Anhand der Beobachtung des Merkurs im Orbis der Sonne sah man Einsteins Gravitationstheorie einer Raumkrümmung im Schwerefeld bestätigt.
Mit Saturn-Merkur in Haus zehn, beherrscht vom Zeichen Fische wird der Relativismus als Prinzip angenommen und Einstein avanciert im Beamtenbetrieb des Wissenschaftsdenkens zum Star, seine Theorie zur Projektionsfläche des kollektiven Bedürfnisses der Relativierung

Kaum eine anderes naturwissenschaftliches Konzept wird derart oft mit Beweismeldungen bedacht. Es scheint, als wolle man eine Lehre um so nachdrücklicher oktroyieren, als sie dem Empfinden und Erleben des Einzelnen widerspricht. Als vertrauenswürdig sollen allein Messungen und Formeln gelten und die Instanzen, durch die sie vermittelt werden.

- Doch es gibt vereinzelt auch gegenteilige Meldungen.

Bei einer späteren Sonnenfinsternis, in Einsteins Horoskop unter der Auslösung der Sonne über das Zeichen Löwe im zweiten Haus, kommt es im Alter von 76 Jahren zu einer Infragestellung der Relativitätstheorie.

Bei der Finsternis von 1954 stellte der französische Forscher Maurice Allais mit Langzeituntersuchungen einige erhebliche Anomalien zum sonstigen Verhalten eines kugelgelagerten Pendels fest, die sich mit Einsteins Gravitationskonzept nicht vereinbaren lassen. Bei der Finsternis von 1959 bestätigte sich die Abweichung: Während der Verdunkelung der Sonne durch den Mond drehte sich die Schwingungsebene des Pendels rückwärts.

Im Zuge der Löwe-Auslösung mit Sonne in Haus zehn kann dies als eine Infragestellung im Sinne des vom Zeichen Löwe repräsentierten unmittelbaren Erlebens verstanden werden, das mit der Relativitätstheorie entrechtet wurde.

In der Auslösung ein Jahr pro Grad, vom Aszendenten auf 14 Grad Krebs aus gerechnet, läuft Einstein zu diesem Zeitpunkt mit 76 Jahren zugleich über 28 Grad Widder, dem Punkt, der nach der Münchner Rhythmenlehre eine Saturn-Neptun-Charakteristik enthält. Das falsche Bestimmende einer Vorstellung von der vorausgesetzten Zeit, einer Zeit ohne Gestalt, beginnt hier zu erodieren.

Die Zeitmessung

- Wie sollte das Fahrstuhlexperiment eine Fehlerhaftigkeit der Relativitätstheorie aufzeigen können?
Allein, indem man die zugrundeliegenden physikalischen Fakten und daraus folgernden Annahmen an den Ansprüchen einer philosophischen Weltsicht respektive des Erkennens der Gestalt misst?
Es sind schließlich unterschiedliche Erkenntnisbereiche mit unterschiedlichen Definitionen.
Solche Begriffe wie „Zeit" und „Raum" haben in der klassischen Mechanik und auch in der Relativitätstheorie halt eine andere Bedeutung, als in der Philosophie, der Theologie oder der Astrologie.

- Es kann nicht darum gehen, Unstimmigkeiten der Relativitätstheorie nachzuweisen, indem die zugrundeliegenden Sachstände und Begriffe nicht mit einer philosophischen Weltsicht übereinstimmen, - das wäre ein äußerer herangetragener Maßstab. Vielmehr geht es darum, die inhaltliche Widersprüchlichkeit der Relativitätstheorie anhand der eigenen Aussagen und Voraussetzungen zu verdeutlichen.
Damit auch die Unstimmigkeiten einer vermeintlichen Erkenntnisgewinnung anhand der philosophischen Grundlagen der naturwissenschaftlich-methodologischen Erkenntnislehre überhaupt.

- Welche Unstimmigkeiten?

- Einer dieser grundlegenden erkenntnistheoretischen Widersprüche der Relativitätstheorie wurde von Wolfgang

Döbereiner als auch von Henry Bergson benannt, nämlich, dass Zeit nicht experimentell ausgeschnitten werden kann, weil sie dann nur die Zeit eines Vorgangs misst.
Dies artikuliert die irrigen Voraussetzungen dieser Erkenntnislehre inhaltlich, in dem es sie zu Ende denkt.

- Ausgeschnitten, weil der exemplarische Fahrstuhlinsasse im schwerelosen All keine Geschichte hat?

- Hätte er eine Geschichte, eine Entwicklung, wüsste er wie er dorthin gekommen ist und könnte selbstverständlich seinen Zustand von dem eines Fahrstuhlinsassen auf der Erde unterscheiden. Dieses Werden seines Zustandes aber blendet Einstein aus. Das Werden jedoch ist von der Zeit nicht zu trennen, es *ist* die Zeit.
Indem Einstein den rein funktionalen Ablauf eines Vorgangs aus dem Werdenden heraustrennt, muss er Zeit als etwas Mechanisches, ohnehin Vorhandenes voraussetzen.
Diese irrige Grundlage der Relativitätstheorie betrifft damit auch die newtonsche Mechanik: Newton setzte einen absoluten Raum und eine absoluten Zeit als Container der Ereignisse als apriori voraus. Mit der Relativitätstheorie wurden Zeit und Raum zwar als Maß relativiert, aber nichtsdestotrotz als Behälter der Körper und Vorgänge vorausgesetzt. Sie werden bei Einstein nur auf das nunmehr absolute Maß der Lichtgeschwindigkeit hin verzerrt.

- Die vorausgesetzte Zeit als Behälter ist die logische Folgerung als auch die Voraussetzung einer Erkenntnislehre die anhand methodologischer Versuchsabläufe urteilt.

Diese müssen zwangsläufig Zeit ausschneiden oder separieren und damit gestaltlos machen.

- Das ist es, was das Experiment kennzeichnet. Es schließt die Begegnung aus. Versuchen Sie mal eine Person kennenzulernen, indem Sie fragen, ob Sie sie experimentell beobachten dürfen.

- Die ausgeschnittene Zeit der methodologischen Beobachtung kann ihren Ursprung nicht erklären, sie muss daher Zeit und Raum als apriori-Behälter voraussetzen. Als eine Ohnehin-Zeit in der die Vorgänge gleichsam passieren.

- Ein den Körpern und Ereignissen vorausgesetzter Raum impliziert jedoch eine Raum ohne Körper und Ereignisse. Da der Raum die Ausdehnung ist, wäre dies die Ausdehnung einer Ausdehnung, was sich begrifflich aufhebt. Ein solcher Raum ist nicht denkbar. Ebenso nicht eine Zeit ohne Ereignisse – diese wäre die Dauer einer Dauer.

- Wenn nun Zeit für Einstein nur eine definierte Größe ist, die sich in definierten Messeinheiten nach definierten Methoden messen lässt, so betrifft das bereits den Kern des ontologischen Übergriffs: Denn diese Zeit ist keine Zeit mehr.
Sie ist ausgeschnitten und legt keine Rechenschaft über ihren Ursprung, über ihr Werden ab. Daraus gewonnene, eben methodologische Erkenntnisse sind selbstreferentiell und können sich nur im Rahmen methologischer Annahmen bestätigen, als auch nur methodologische Produkte hervorbringen.

Das ist der Grund, warum das Fahrstuhlexperiment schon damals ein Raumschiffexperiment war und zur Veranschaulichung der Relativitätstheorie, so auch im Text des Max-Plank-Instituts, stets von Raumschiffen und Raumstationen geredet wird.

- Ein im Sinne der Gestaltwerdung verwendeter Begriff der Zeit ist ein anspruchsvolles Konzept, dass sich erheblich von dem Verständnis der Zeit im alltagsweltlichen Sinne unterscheidet.
Dieses ist doch dem Zeitbegriff der klassischen Mechanik erheblich näher und geht davon aus, dass eine Uhr einfach so vor sich hin tickt, wenn auch subjektiv empfunden manches schneller und manches langsamer vorbeigeht.

- Es geht doch gerade darum, dem sinnlichen Erleben und der persönlichen Erfahrung zu ihrem Recht zu verhelfen.
Die unmittelbarste Erfahrung der Zeit ist eben nicht deren Messbarkeit, sondern die Erfahrung des Werdens, etwa des Wachsens der Pflanzen im Frühling und ihrer Früchte im Herbst.
Zeit bedeutet zu allererst Früher und Später und damit Innen und Aussen, denn es ist der Weg des Hervorbringens von Innen nach Aussen und der Begegnung. Das ist es, was wir unter Gestalt verstehen: die Gegenwart des Begegnenden.
Daher bemerkt Wolfgang Döbereiner, die Relativitätstheorie sei *"hirnrissig"*, *"messen Sie eine Zeit im luftleeren Raum"*.
Weil dieser mit der alltäglichen Erfahrung eben nichts zu tun hat.

- Die messbare Zeit der Astrologie ist seit der Antike, von den Babyloniern ausgehend, keineswegs eine neutrale, ausgeschnittene Zeit, sondern basiert auf den Zyklen des Werdens der Gestalten, sie ist nichts anderes als die rechnerische Prognose der Regelmäßigkeit der natürlichen Rhythmen.

Dies, indem der Merkur die Erscheinung des Saturns, der Zeit der Fügung, darstellt, mithin deren Merkmale und damit Regeln - aber ohne sich selber an die Stelle der Bestimmung der Zeit zu setzen.

Erst wenn man quasi den Merkur verselbständigt, die Regelung also die Bestimmung verdrängt, kommt es zur mechanischen Zeit. Descartes Anschauung des Universums als Ideale Maschine.

Der Unterschied besteht darin, dass das mechanische Zeitverständnis die Zeit stets voraussetzen muss. Als Ohnehin-Zeit, als Behälter der Vorgänge im Sinne Newtons und Kants.

Dabei wird die Zeit von der Gestaltwerdung abgetrennt und aus sich selbst begründet, bzw. vorausgesetzt. Sie ist kein Werden mehr. Und das heißt, dass es keine Zeit mehr gibt.

Thomas von Aquin hat seinerzeit die Formulierung in der Genesis erklärt, wo es "Im Anfang" heißt: Mit dem Anfang entsteht die Zeit. Hieße es "Am Anfang", wäre der Anfang in einer bereits vorhandenen, vorausgesetzten Zeit. Dann aber wäre es nicht der Anfang. "Im Anfang" bedeutet: Durch den Anfang wird Zeit.

- Die gemessene Zeit war bis zur Einführung der überregionalen Zeitzonen stets die Ortszeit, bestimmt durch die Rhythmen der Gestalt des Tages und des Jahres, sie artikulierte gleichsam nur deren Regelmäßigkeiten. Die Angabe 12 Uhr Mittag war definiert durch die Mittagshöhe der Sonne, wenn diese den Zenit überschritt. Ereignisdaten und auch Horoskope konnten seit

Jahrtausenden auf dieser Basis erstellt werden. Hingegen ist ein Horoskop auf einer Raumstation kaum möglich.

- Es war ein Zeitverständnis dem bewusst war, dass die gemessene Zeit nur die Reflexion der Merkmale der Zeit der Gestalten darstellt. Der erste Schritt zu einem mechanistischen Zeitverständnis erfolgte, wie gesagt, in der Renaissance mit dem Einzug der Perspektive als die Vorstellung eines vorausgesetzten Raumes, eine Entwicklung die nicht ohne Grund einherging mit dem Aufkommen der ersten mechanischen Uhrwerke. Aber auch diese waren, ähnlich wie die Astrolabien, noch Bilder der natürlichen Rhythmen.

- Mit der Einführung der Zeitzonen hatte man die Zeitmessung dann erstmals von der Gestalt des Tages getrennt, der wahre Mittag, der Höchststand der Sonne, war nicht mehr um 12 Uhr, sondern je nach weiter östlichem oder westlichem Standort bis zu einer Stunde früher oder später.
Seit Oktober 1967 ist die Sekunde definierte durch atomare Frequenzen, fernab einer alltagssinnlichen Erfahrbarkeit.

***

Nach Definition ist die Sekunde das 9192631770fache der Periodendauer des Übergangs zwischen den beiden Hyperfeinstrukturniveaus des Grundzustandes von Atomen des Nuklids ^{133}Cs entsprechenden Strahlung.
Spektrum, Lexikon der Physik

Atomzeit

Die Proklamation der Atomuhrzeit

- Thomas von Aquin hat die ersten Worte der Genesis erklärt, wo es heißt: "Im Anfang". *Im Anfang*, so Thomas, wurde auch die Zeit. Hieße es "Am Anfang", wäre der Anfang in einer bereits vorhandenen, vorausgesetzten Zeit. Dann aber wäre es nicht der Anfang. "Im Anfang" aber besagt: Durch den Anfang wird Zeit. Dies ist die Zeit der Gestalt.

- Die Vorstellung einer vorausgesetzten Zeit, einer Ohnehin-Zeit als Behälter der Ereignisse hingegen wurde von Newton als Basis der klassischen Physik formuliert.

- Die Annahme einer den Ereignissen vorausgesetzten Zeit impliziert eine Zeit ohne Ereignisse. Eine solche ist nicht denkbar. Sie wäre quasi die Dauer einer Dauer und würde sich begrifflich aufheben.
Warum geschieht nie nichts? Peter Fischli/David Weiss

- Die Naturwissenschaft muss diesen Denkfehler produzieren, weil ihre methodologische Voraussetzung darauf basiert, nämlich die Bewegung der Gestalt auf einen funktionalen Vorgang zu reduzieren, der wiederum, anfangslos, durch andere Vorgänge verursacht wird und so fort. Das ist der sich in den Schwanz beißende, kreisende Leviathan.

- So auch Kants Apodiktum, wonach Raum und Zeit jeder Erkenntnis *a priori* sein sollen. Eine abstrakte Zeit.

- Dabei ist doch die unmittelbarste Erfahrung der Zeit die eines Werdens, eines Anfangs und eines Endes.
Es ist das Werden von etwas zu etwas, das Tagwerden am Morgen, das Nachtwerden am Abend, das Werden von Blüten im Frühling und Früchten im Herbst, das eigene Gewordensein.

- Zeit bedeutet Früher und Später und damit Innen und Außen, daher ist der Anfang in der Genesis mit der Erschaffung von Himmel und Erde verbunden. Denn es ist der Weg des Hervorbringens von Innen nach Außen.

- Die Messung der Zeit richtete sich bis zum Jahre 1967 nach den astronomischen Rhythmen des Tages und des Jahres. Das sind Sonnenaufgang, Mittag, Sonnenuntergang und Mitternacht, die vier Teilungspunkte des Tages, dazu die des Jahres - die Äquinoktien und die Sonnenwenden sowie die zwölf bis dreizehn Mondrunden innerhalb des Sonnenjahres. Dazu noch die größeren astronomischen Zyklen, die man seit der Begründung des babylonischen Kalenders zählte.

- Es stellt daher eine menschheitsgeschicht-liche Zäsur dar, wenn der Konsens der Zeitmessung seit dem Jahre 1967 nicht mehr durch die Zyklen der Sonne definiert wird, sondern durch eine atomare Frequenz, die keiner sinnlichen Erfahrung zugänglich und nur über Instrumente lesbar ist: die Atomuhr.

- Nachdem man bereits vor 1945 die Idee hatte, die Sekunde könne über atomare Zustände bestimmbar sein, entstanden in der Folge die ersten Atomuhren. Deren Verlässlichkeit steigerte sich mit den Jahren, so dass das internationale Gremium zur Festlegung der Maße und

Gewichte, das Bureau International des Poids et Mesures in Paris auf seiner 13. Zusammenkunft verkündete, die Sekunde sei fürderhin durch die Feinfrequenz des Cäsium-Atoms definiert. Sie gelte von nun an als "das 9.192.631.770-fache der Periodendauer der dem Übergang zwischen den beiden Hyperfeinstrukturniveaus des Grundzustands von Atomen des Nuklids 133Cs entsprechenden Strahlung".

13. Tagung des Bureau International des Poids et Mesures, Dritte Sitzung vom 13. Oktober 1967, Beginn 15:10 Uhr"Änderung der Definition der Sekunde"

- Die Auffassung der Zeit hatte sich damit endgültig von der Anschauung und Gegenwart der Gestalt getrennt.

Es fällt auf, dass die Einführung der Atomzeit mit dem von Wolfgang Döbereiner erkannten Epochenwechsel des Übergangs über Null Grad Krebs von 1967 einhergeht.

- Die 13. Zusammenkunft des Gremiums in Paris wurde mit der ersten Tagung am 10. Oktober 1967 eröffnet. Dem Institut zufolge fand die dritte Sitzung, in der die Neudefinition der Sekunde beschlossen wurde, damit der Beginn der Atomzeit, am 13. Oktober statt. Die Sitzung begann an diesem Tag um 15:10 Uhr.

Die Waage-Sonne in Haus Acht mit Steinbock-AC steht hierbei im Dienste einer öffentlichen Übereinkunft, mit der das individuelle Erleben der Gegenwart, repräsentiert durch Krebs und Löwe in Haus Sieben, entsubjektiviert und damit entpersonalisiert und entrechtet werden soll. Die Atomsekunde, repräsentiert durch Pluto-Uranus auf der Achse des achten Hauses, steht damit vor der Gegenwart des siebten Hauses und lässt an dieser Pforte die Zeit als das Gegenwärtigwerden der Gestalten im Bewusstsein der Menschen nicht mehr zustandekommen.

Mit Steinbock-AC erscheint dies als Maßstab der Gemeinschaft. Dessen Herrscher Saturn in Haus Zwei und der Aufgang auf 28 Grad, der nach der Münchner Rhythmenlehre einer Saturn-Merkur-Charakteristik entspricht, kennzeichnen die kollektive Regelung, mit der die Gestalt verweigert wird.

- Das mechanistische Zeitverständnis der Naturwissenschaft, das mit der perspektivischen Konstruktion in der Renaissance entstand, muss die Zeit stets voraussetzen. Als Ohnehin-Zeit, als Behälter der Vorgänge im Sinne Newtons und Kants ist sie von der Gestaltwerdung getrennt, aus sich selbst begründet bzw. vorausgesetzt. Sie ist kein Werden mehr. Und das heißt, dass es keine Zeit mehr gibt. Mit der Einführung der Atomzeit wurde diese Trennung besiegelt.

- Die gemessene Zeit war bis zur Einführung der überregionalen Zeitzonen stets die Ortszeit, bestimmt durch die Rhythmen der Gestalt des Tages und des Jahres; sie artikulierte gleichsam nur deren Regelmäßigkeiten. Die Angabe 12 Uhr Mittag war definiert durch die Mittagshöhe der Sonne, wenn diese den Zenit überschritt. Ereignisdaten und auch Horoskope konnten seit Jahrtausenden auf dieser Basis erstellt werden. Hingegen ist ein Horoskop auf einer Raumstation kaum möglich.

- Dies war kein mechanistische Zeitverständnis, sondern eines, dem bewusst war: Die gemessene Zeit stellt nur eine Reflexion der Merkmale der Zeit der Gestalten dar.
Der erste Schritt zu einem mechanischen Zeitverständnis vollzog sich in der Renaissance mit dem Einzug der Perspektive als sich die Vorstellung eines vorausgesetzten Raumes etablierte. Zugleich kamen folgerichtig die ersten mechanischen Uhrwerke auf. Aber auch diese waren, ähnlich wie die Planetenmodelle der Armillarsphären, noch Bilder der natürlichen Rhythmen.
Mit der Einführung der bürgerlichen Zeitzonen stimmte die Zeitmessung erstmals nicht mehr mit den Erfahrungen der Zyklen überein: Der wahre Mittag, der Höchststand der Sonne an den jeweiligen Orten, war in der Zone der Mitteleuropäischen Zeit nun nicht mehr um 12 Uhr, sondern, je nach östlichem oder westlichem Standpunkt bis zu einer Stunde früher oder später.

- Allein dies ist ein Bild: Zu Zeiten der Ortszeitgültigkeit konnte jeder seine Zeit am Höchststand der Sonne ausrichten. Heute ist er angewiesen auf die Zeitangaben des Staates.

Wie die Tierkreiseinteilung aus der Struktur des Kreises hervorgeht

- Die frühen Definitionen der Zeitmaßeinheiten waren nicht etwa willkürlich gewählt, wie in der Standard-Enzyklopädie des Internets gemutmaßt, sie ergaben sich aus dem Jahres- und Tageskreis sowie aus der Erkenntnis der Kreisstruktur:

Die Zwölfteilung basiert auf der einfachsten und ersten Teilung des Kreises, indem der Zirkel auf dem Radius angesetzt und abgetragen wird. Es ergeben sich sechs Schnittpunkte auf dem Radius und sechs weitere über der Peripherie. Sechs der Ebbe und sechs der Flut zugeordnet.

Die Verbindung der Punkte durch den Mittelpunkt lässt das Zwölfeck entstehen.

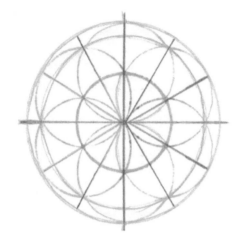

Die erste und grundlegende Teilung des Kreises mit dem Zirkel führt zum Tierkreis.

Die zwölf Stunden des Tages waren ursprünglich definiert als die Zeit von Sonnenaufgang bis Sonnenuntergang. Gerechnet mit dem Mittelwert der Tag-und-Nachtgleiche begann die erste Stunde um sechs Uhr morgens und die zwölfte endete um sechs Uhr abends.

Der Tag endete am Abend und die Nacht wurde schon zum folgenden Tag gerechnet. So beginnt noch heute der kirchliche Sonntag bereits am Samstagabend um sechs Uhr. Dies geht auf die Regelung des jüdischen Schabbats zurück, der ebenfalls am Vorabend beginnt.

Der Tagesbeginn am Vorabend

- In den Kulturen, die sich der babylonischen Kalenderrechnung bedienten, galten mancherorts zwei Jahresanfänge. So begann das Jahr sowohl mit dem babylonischen Frühlingsmonat Nissan, der mit dem ersten Neumond nach dem Frühlingsäquinoktikum einsetzte, als auch, nach einer anderen Zählung, mit dem ersten Neumond nach dem Herbstäquinoktikum. Nach dieser Zählung richtet sich bis heute der jüdische Kalender. Bei den vorislamischen arabischen Stämmen wurde teilweise mit beiden Jahresanfängen gerechnet, die für jeweils unterschiedliche Lebensbereiche Geltung hatten.
siehe: *Der Wechsel der Gebetsrichtung*

Der Jahresbeginn im Herbst entspricht indes der traditionellen, ebenfalls aus der babylonischen Kalendertradition überkommenen Auffassung des Tagesbeginns am Vorabend.

So beginnt die Woche des jüdischen als auch katholischen Kalenders am Samstagabend. Das Ende des Schabbats wird durch den Aufgang der ersten Sterne am Samstagabend bestimmt, mit dem der erste Tag der neuen Woche beginnt, der *Jom Rischon*, der Erste Tag, wie der Sonntag im Hebräischen heißt. *Eine gute Woche* lautet die Grußformel zum Ausgang des Schabbat. Auch in der katholischen Kirche beginnt der Sonntag am Samstagabend, am Abend des Saturntages, um 18 Uhr. So auzch der Name *Sonnabend* für den Samstag. Auf diese Weise zählt die Vorabendmesse am Samstagabend zum Sonntag.

- Das hebräische Wort für Abend lautet *Erev*. Das bedeutet *Vermischung*. Die Konturen vermischen sich, tauchen ins Ungeteilte der Nacht ein. Daher gehört die Nacht zum kommenden Tag. Sie ist das Nichts, das Ungeteilte, aus dem der Anfang des neuen Tages hervorgeht. In diesem Sinne mag auch der Jahresbeginn im Herbst zu verstehen sein: Aus der Nacht des Jahres geht der neue Anfang hervor.

Daher bietet das Herbstäquinoktikum des Jahres 1967, zwanzig Tage vor der Verkündung der Atomzeit am 13. Oktober, auch aufgrund der zeitlichen Nähe, eine Anschaulichkeit für die folgende Epoche.

Herbstäquinoktikum 1967, Paris, 18:38 Uhr

Sonne, Uranus und Pluto stehen in Verbindung am Deszendenten. Mit der Sonne auf dem Kardinalpunkt im siebten Haus ergibt dies das Bild der besetzten Gegenwart.

Es ist das Bild der abstrahierten und damit ursprungslosen Zeit, ohne Ort und Gegenwart. Da das Merkur-Zeichen Jungfrau das siebte Haus als das Feld der Begegnung beherrscht, die Waage darin eingeschlossen ist, also nichts zu sagen hat, und der Merkur selber auch noch in Haus Sieben steht, vervollständigt sich die Aussage einer über das naturwissenschaftliche Kalkül ausgeschlossenen Gegenwart - die Gegenwart wird als Produkt der Umstände, als durch Umstände bestimmt begriffen. Dies ist die künftige Anschauung, die mit dem Verbundsherrscher Jupiter in Haus Sechs verkündet werden soll. Dessen Zeichen Schütze kommt aus Haus Zehn und Haus Neun, damit das Thema der Fügung der Zeit angebend.

- Mit dem Rhythmus von sieben Jahren pro Haus wird im Horoskop des Herbstäquinoktikums der Atomzeitresolution mit etwa 42 bis 43,5 Jahren die Pluto-Uranus-Verbindung am Deszendenten überlaufen.
Das entspricht dem Zeitpunkt der Katastrophe von Fukushima im März 2011, die in Deutschland und anderen Ländern zum Ausstieg aus der Atomenergie führte.
Bereits im neunzehnten Jahr nach der Einführung der Atomzeit war es, unter Auslösung des Saturn über Steinbock in Haus Zehn, im Jahre 1986 zur Katastrophe von Tschernobyl gekommen.
Im Jahre 1944, zweiundzwanzigeinhalb Jahre zuvor hatte der Physiker Isaac Rabi den Nobelpreis für die Grundlagen der Atomuhr erhalten. Dies geschah mit Auslösung der Jupiter-Venus-Konjunktion in Haus sechs, durch das Zeichen Krebs in Haus Vier, dessen Herrscher Mond in Haus zwei im Quadrat steht. Damit die kollektive Anerkennung und Verfangenheit anzeigend.

- Der Abend ist der Deszendent des Tages und der Herbstanfang der Deszendent des Jahres.
Die Auffassung, dass der Anfang sowohl vom Aszendenten als auch vom Deszendenten ausgeht, entspricht der Ich-Du-Begegnung. Martin Buber erkennt in ihr die Essenz der biblischen Geschichte. Sie ist der Ursprung der Zeit.

***

In der Eswelt waltet uneingeschränkt die Ursächlichkeit.
Das uneingeschränkte Walten der Ursächlichkeit in der Eswelt, für das wissenschaftliche Ordnen der Natur von grundlegender Wichtigkeit, bedrückt den Menschen nicht, der auf die Eswelt nicht eingeschränkt ist, sondern ihr immer in die Welt der Beziehung entschreiten darf. Hier stehen Ich und Du einander frei gegenüber, in einer Wechselwirkung, die in keiner Ursächlichkeit einbezogen und von keiner tingiert ist; hier verbürgt sich dem Menschen die Freiheit seines und des Wesens. Nur wer Beziehung kennt und um die Gegenwart des Du weiß, ist sich zu entscheiden befähigt. Wer sich entscheidet, ist frei, weil er vor das Angesicht getreten ist.
Die feurige Materie all meines Wollenkönnens unbändig wallend, all das mir Mögliche vorwelthaft kreisend, verschlungen und wie untrennbar, die lockenden Blicke der Potenzen aus allen Enden flackernd, das All als Versuchung, und ich, im Nu geworden, beide Hände ins Feuer, tief hinein, wo die eine sich verbirgt, die mich meint, meine Tat, ergriffen: Nun! Und schon ist die Drohung des Abgrunds gebannt, nicht mehr spielt das kernlos Viele in der schillernden Gleichheit seines Anspruchs, sondern nur noch Zwei sind nebeneinander, das Andere und das Eine, der Wahn und der Auftrag. Nun aber erst hebt die Verwirklichung in mir an. Denn nicht das hieße entschieden haben, wenn das Eine getan würde und das Andere bliebe gelagert, erloschene Masse, und verschlackte mir die Seele Schicht auf Schicht. Sondern nur wenn die ganze Kraft des Anderen einlenkt in das Tun des Einen, wer in das Wirklichwerden des Gewählten die unverkümmerte Leidenschaft des Ungewählten einziehen lässt, nur wer „Gott mit dem bösen Triebe dient", entscheidet sich, entscheidet das Geschehen. Hat man dies verstanden, so weiß man auch, dass eben dies das Gerechte zu nennen ist, das Gerichtete, wozu sich einer richtet und entscheidet; und gäbe es einen Teufel, so wäre es nicht, der sich gegen Gott, sondern der sich in der Ewigkeit nicht entschied.

Martin Buber, *Ich und Du*

Vakuumfluktuation
Schrödingers Katze

- Die Vakuumfluktuation ist ein zeitgenössischer Topos. Sie gehört zur Vorstellung vom Urknall. Wie andere derartige Metaphern basiert sie auf der Unschärferelation. Die von Zenon begründet wurde.

- War es nicht Heisenberg?

- Nein, Zenon. Er stellte die Frage, ob überhaupt Bewegung möglich sei, wenn doch jede zurückgelegte Strecke unendlich teilbar sei. Wenn etwa Achilles ein Wettrennen mit einer Schildkröte einginge und er dabei der Schildkröte, weil sie langsam sei, einen Vorsprung gäbe, so Zenon, müsse er, bevor er die Schildkröte überholen könne, zuerst ihren Vorsprung einholen. Nachdem er diese Strecke zurückgelegt hat, ist die Schildkröte aber auch ein Stück weitergekommen und hat einen neuen, kleineren Vorsprung gewonnen, den Achilles nunmehr einholen muss. Nach dieser Strecke hat die Schildkröte wiederum einen kleinen Vorsprung und so weiter. Der Vorsprung der Schildkröte, wird zwar immer kleiner, bleibt aber stets ein Vorsprung. So kann sich Achilles der Schildkröte zwar immer weiter nähern, aber einholen und überholen könne er sie nie.
Seine Bewegung verliere sich in der unendlichen Teilung.

- Das erinnert an Kafkas Boten, *"der Dir, dem Einzelnen eine Botschaft des Kaisers überbringen soll"*, er läuft los,

aber die Menge die er durchschreiten muß, ist so groß;
*"ihre Wohnstätten nehmen kein Ende.... wie nutzlos müht
er sich ab; ... nach den Höfen der zweite umschließende
Palast; und wieder Treppen und Höfe; und wieder ein
Palast; und so weiter durch Jahrtausende; und stürzte er
endlich aus dem äußersten Tor - aber niemals, niemals
kann es geschehen"...* aus: Die kaiserliche Botschaft, Franz Kafka

- Zenons Paradox, nach dem die Schildkröte nie überholt werden könne, basiere, so sagt man, auf einem Denkfehler: Eine endliche Menge ist zwar unendlich teilbar, aber nichtsdestotrotz eine endliche Menge. Rechnerisch sei es ohnehin gelöst. Die Infintisimalrechnung erfasse das Problem.

- Tatsächlich jedoch kann auch sie nicht einen konkreten Zeitpunkt benennen, an dem die Schildkröte überholt würde, sie formalisiert nur die größtmögliche Annäherung und erlaubt auf diese Weise eine Aussage.

- Das Gleichnis erinnert an jene Träume, in denen man rennt, aber nicht vorwärtskommt.

- Zenon sagt auch, ein fliegender Pfeil nehme in jedem Moment seiner Flugbahn einen bestimmten Ort ein. Dort aber, an genau diesem Ort, sei der Pfeil in Ruhe. Da der Pfeil in jedem Augenblick aber an genau einem Ort sei, befände er sich insgesamt in Ruhe. Wir nehmen aber an, dass der Pfeil fliegt.

- Entweder der Pfeil fliegt, dann ist keine Aussage über seinen Ort möglich, oder er ist zu verorten, man stellt ihn fest, dann fliegt er nicht mehr. Das wäre dann das, was man wissenschaftliche Feststellung nennt.

- Das ist praktisch die Unbestimmtheitsregel Heisenbergs zweieinhalb Jahrtausende zuvor.

Zenons Unschärferelation wurde von Heisenberg auf die Beobachtung der kleinen, nur durch Meßgeräte erfassbaren Teilchen bezogen: Heisenbergs Unschärfeprinzip besagt, dass zwei komplementäre Eigenschaften eines Teilchens nicht gleichzeitig beliebig genau bestimmbar sind. So etwa Ort und Impuls. Wird das eine gemessen, geht das andere verloren.

- Diese prinzipielle Nichtfeststellbarkeit wurde, um rechnerisch mit ihr umgehen zu können, zu Wahrscheinlichkeitspotentialen formalisiert, die die quantenmechanischen Rechenoperationen erlaubten.

- Beispielsweise wurde der Zustand eines Atoms, dessen Zerfall zwar innerhalb einer Stunde stattfinden sollte, der für einem bestimmten Zeitpunkt aber aufgrund der Unschärferelation nicht vorhersagbar sein kann, als zugleich zerfallen und nicht-zerfallen formalisiert. Dieser Zustand wurde als Superposition bezeichnet oder, mit Bezug auf den Physiker Erwin Schröding *Katzenzustand - cat state* - genannt.

- Schrödinger konstatierte das Beispiel von der Katze, die dann als *Schrödingers Katze* zum Begriff wurde. Der Zeitpunkt des Zerfalls eines Atoms sollte als nicht bestimmbar gelten, da die Messung erst den Zustand entscheidet. Solange die Messung nicht stattgefunden hat, muss nach den Formalien der Quantenmechanik der Zustand des Atoms zugleich als zerfallen und nicht-zerfallen aufgefasst werden.

- Schrödinger hielt nichts von dieser Anschauung. Er erfand daraufhin das Gedankenexperiment einer Katze in einer Stahlkammer. Ein Mechanismus ist an den Zerfall des Atoms gekoppelt, der aufgrund des Impulses beim Zerfall ein Giftgas entlässt, das die Katze tötet. Da aber erst die Messung entscheidet, ob das Atom noch existiert oder zerfallen ist, befindet sich auch die Katze in einem Zustand, in dem sie zugleich tot und lebendig ist.

- Mochte Schrödinger seine Katze nicht?

- Er war selber die Katze, geboren im Zeichen Löwe, am 12. August 1887, mit der Sonne im elften Haus, im Haus des Wassermanns. (dessen Phase im chinesischen Tierkreisreigen zeitlich der Katze entspricht)

Erwin Schrödinger, 12. August 1887, Wien, 8:33 Uhr

- Das Gedankenexperiment mit der Katze gab er 1935, als er 48 Jahre alt wurde, zur Diskussion, es stellte eine Kritik an der statistischen Handhabung quantenmechanischer Zustände dar, in denen ein entweder oder aufgehoben scheint und zwei einander ausschließende Zustände als zugleich existent bewertet werden. Sein Resümee aus dem Gedankenexperiment lautete:
"Das Typische an solchen Fällen ist, daß eine ursprünglich auf den Atombereich beschränkte Unbestimmtheit sich in grobsinnliche Unbestimmtheit umsetzt, die sich dann durch direkte Beobachtung entscheiden läßt. .. Es ist ein Unterschied zwischen einer verwackelten oder unscharf eingestellten Photographie und einer Aufnahme von Wolken und Nebelschwaden."
Erwin Schrödinger, Naturwissenschaften 1935.

Im Jahre der Veröffentlichung des Gedankens, der später als *Schrödingers Katze* oder *Katzenzustand* zum Begriff wurde, löst sich in seinem Horoskop, im Orbis des 48sten Lebensjahres, der Neptun aus, der, vom Deszendenten kommend und in Haus Neun stehend, die Wirklichkeit der Begegnung zur Anschauung werden lässt.
Bei Jungfrau am Aufgang und Merkur-Saturn-Konjunktion in Haus Zehn im Spiegel zum Neptun artikuliert Schrödinger damit eine Infragestellung formalistischer Regeln der Beobachtung, wie sie von Saturn-Merkur in Haus Zehn repräsentiert werden. Dies freilich nur in opportunem Maße, da er zugleich im Konsens naturwissenschaftlicher Denkhaltung und der damit verbundenen Neutralisierung der Begegnung, im Sinne von Bubers Es-Welt, verbleibt.

- Kommt die gefangene Katze nicht frei?

- Von ihrem weiteren Leben ist nichts berichtet. Mit der Löwe-Sonne in Haus elf wollte Schrödinger das Ungeschiedene zur Entscheidung bringen – was aber bleibt ist das Bild von der eingesperrten Katze in dem Kasten und ihrem ungeschiedenen Zustand zwischen Tod und Leben.

- Sie kommt nicht über Saturn-Merkur in Haus Zehn hinaus. Und sie wartet schon lange, denn die Jungfrau beherrscht Haus zwölf und elf zugleich.

- Der Katzenzustand , die Überlagerung oder die Superposition ist ein grundlegendes Element quantenmechanischer Rechenoperationen.

- Die Fluktuation eines Quantenfeldes, in dem nach klassischem Verständnis nichts ist, stellt man sich vor als ein permantes Aufscheinen virtueller Teilchen, die nicht existieren, aber auch nicht nicht existieren. Unbändig wallend, vorwelthaft kreisend, Urwirbel, wie Buber es nennt. Das Chaos der Ungeschiedenheit.

- Ein fluktuatives Aufflackern von noch nicht erschienener Erscheinung, ohne Stetigkeit. Ein stetiges Ja und Nein zugleich, das nicht aus dem Zustand der Ungeschiedenheit herauskommt.

- Ein altes Thema in naturwissenschaftlichem Gewand. Im Rig-Veda gibt es eine poetische Aussage über diesen Zustand: *Nicht war nichts damals, noch war nicht Nichts. Gab es denn ein Oben, gab es denn ein Unten?*

- In der Genesis heißt es: *Der Geist Gottes schwebte über den Wassern.* Die Fluktuation erschließt sich aus einem Hinweis den Martin Buber anläßlich seiner und

Rosenzweigs Übersetzung der Bibel aus dem Hebräischen gibt: Das Wort, das gewöhnlich ins Deutsche mit schwebte übersetzt wird, ist das hebräische *merachephet*- מרחפת.
Das Verb kommt, wie Buber betont, nur noch ein einziges weiteres Mal in der Bibel vor, nämlich dort, wo es heißt,
Wie ein Adler ... über seinen Nestlingen schwingt

5. Moses 32,11: Wie ein Adler erweckt seinen Horst, über seinen Nestlingen schwingt, seine Flügel spreitet, eins aufnimmt, es auf seinem Fittich trägt

- Gemeint ist das Schweben des Adlers über seinen Jungen, mit kaum wahrnehmbarer Bewegung der Flügel, kein Schlagen der Flügel, ein Vibrieren, ein fast unsichtbares Schwingen, so schwebt der Adler über seinen Jungen, wachsam. Wie der Geist Gottes über den Wassern, ein schwingendes, vibrierendes Schweben. So heißt es in der Buber-Rosenzweig-Übersetzung:
Finsternis über Urwirbels Antlitz. Braus Gottes schwingend über dem Antlitz der Wasser. Gen, 1,2

- Es ist nach der Teilung von Himmel und Erde. Ein Oben und ein Unten gibt es schon.

- Auch das Konzept der Vakuumfluktuation hat schon ein Oben und ein Unten, basiert auf einer Subjekt-Objekt-Beziehung: Als eine Konsequenz des Beobachterproblems setzt es einen Beobachter voraus.

- Wie alle derartigen Konzepte ergibt es sich aus dem Messproblem und dem damit verbundenen Unbestimmtheitsprinzip. Die Tatsache, dass man mit dem quantenmechanischen Formalismus, die sich aus dem Unschärfeprinzip ergebenden Phänomene rechnerisch handhaben konnte, machte im Beamtenbetrieb des Wissenschaftsdenkens die erkenntnistheoretischen Grundlagen vergessen, dass man es hierbei nicht mehr mit herkömmlichen mathematischen oder physikalischen Objekten zu tun hatte.

- Der englische Mathematiker Roger Penrose machte auf diesen grundlegenden blinden Fleck aufmerksam: *Die Quantentheorie hat in Penrose' Augen ein konzeptionelles Loch: das sogenannte „Messproblem". Darunter versteht man den Umstand, dass Quantenobjekte, etwa Teilchen, rechnerisch als Zustände behandelt werden, die selber nicht beobachtbar sind, sondern nur so etwas wie ein Katalog von Wahrscheinlichkeiten für den Fall einer Beobachtung darstellen. Beobachtbare Eigenschaften „materialisieren" sich demnach erst im Moment der Messung, ihre Messwerte sind nur statistisch vorhersagbar.... Physiker, die durch Quantentheorie sozialisiert sind, neigen heute eher zu der Auffassung, dass die Welt doch nur aus Zuständen besteht, die ausschließlich deterministischen und zeitsymmetrischen Gesetzen gehorchen.*
aus: FAS, Nr. 12, 26. 3.2006, „Die Welt muß stimmen"

- Roger Penrose ist, wie Erwin Schrödinger, im Zeichen Löwe geboren, am 8. August 1931. Die Auffassung von einer deterministischen Welt, einem Universum als Ideale Maschine, wie Descartes es entwarf, und von dem die Naturwissenschaft, trotz der Zäsur durch die Quantenmechanik, nach wie vor geprägt ist, widerspricht dem Prinzip des Löwen, dem es um das unmittelbare Leben und um die Unabhängigkeit des Einzelnen geht.

***

In den 31 Jahren seines Bestehens ist der Vermögensverwalter zum größten Vermögensverwalter – auch in Deutschland geworden.
Deutschlandfunk Kultur am 11.06.2019 über Blackrock

Herdenverhalten wird ja normalerweise so erklärt, dass Menschen sich ähnlich angesichts bestimmter Informationen verhalten, dass sie bestimmten Leuten hinterherlaufen und so. Und das führt dazu, dass im Finanzmarkt häufig überschießend reagiert wird. Das heißt, wenn es gut läuft, geht es viel zu lange gut und werden die Preise viel zu weit nach oben getrieben. Und wenn es schlecht läuft, gehen sie dann superstark in den Keller.
Wenn ein relevanter Teil des Marktes sich am selben Computeranalysesystem orientiert, wird meines Erachtens das Herdenverhalten gestärkt – aus technologischen Gründen. Anstatt also das Herdenverhalten auszubremsen, ist möglicherweise in den letzten Jahren eine Entwicklung entstanden, die das Herdenverhalten noch verstärkt hat, also die Finanzmärkte noch erratischer werden lässt.
Und das verheißt für Krisenzeiten nichts Gutes.
Gerhard Schick in der obengenannten Sendung über Blackrocks Analysesystem Aladdin

Blackrock und Karakorum

- Seit der einst aus dem deutschen Bundestag ausgeschiedene Jurist und Manager Friedrich Merz, angesichts des absehbaren Endes der Regierungszeit von Kanzlerin Merkel, die ihn seinerzeit entmachtet hatte, sich erneut um eine führende Rolle im politischen Geschäft bewirbt, gerät eine seiner Tätigkeiten ins Blickfeld, wegen der ihm von Einigen erhebliches Misstrauen entgegengebracht wird: Seine, mittlerweile quittierte Tätigkeit als Aufsichtsratschef beim Investmentkonzern Blackrock

- Das Vermögensverwaltungsgeschäft des Blackrock-Konzerns wird als derzeit größte Finanzmacht der Welt angesehen. Das verwaltete Kapital umfasst 5,5 Billionen Euro und übertrifft damit den Haushaltsumfang etlicher Staaten.

- Die Firma ging hervor aus einem anderen Investment-Trust, dem Blackstone-Konzern. Im Jahre 1988 gründeten acht Blackstone-Angestellte das Unternehmen Blackrock, das bald darauf rasant wuchs. Der Konzern vermochte stets im Hintergrund zu bleiben und wird als heimliche Weltmacht bezeichnet, sein Einfluss und sein Finanzgebaren wird von Wirtschaftsfachleuten und Politikern teils heftig kritisiert.

- *Blackstone, Blackrock* - die in Verruf gekommene private Söldnerfirma *Blackwater* - sie haben es mit dem *black*.

Offenbar gibt es die Neigung, Firmennamen mit der Farbe schwarz zu verbinden. Und offenbar scheint diese Namensgebung dem Erfolg zuträglich.

- *Blackstone, Blackrock* - *Schwarzer Stein* und *Schwarzer Felsen* - ein Bild, das Macht, unangreifbare Souveränität und Seriösität vermitteln soll. Der Stein steht für den Zwang zur Vereinheitlichung, ein schwarzer Block.
Mit der Farbe Schwarz wird der Gestus der Ernsthaftigkeit verbunden. Ein neuer Klerus der Unterwerfung einfordert Astrologisch entspricht dies der Saturn-Pluto-Verbindung. Eine ihrer homöopathischen Entsprechungen ist der Schwarze Rettich - Raphanus Sativus. Wolfgang Döbereiner
Die Bestimmung des Individuums, der Saturn, wird durch die Maxime des Kollektivs und der Vereinheitlichung verdrängt,

- Das Bild des Schwarzen Felsens stand schon einmal in der Geschichte für eine weltumspannende Macht. *Karakorum* - *Schwarzer Fels* hieß die Stadt, die der mongolische Heerführer Dschingis Kahn zur Residenz des von ihm geschaffenen Herrschaftsbereichs erkoren hatte.
Heute vergessen und nur noch als Ruine bestehend, bildete Karakorum einst über nahezu hundert Jahre das Machtzentrum der damaligen Welt. Dschingis Kahn hatte binnen einer Generation ein Imperium erobert, dass unter seinen Nachfolgern schließlich von China bis nach Polen reichte. Es stellte seinerzeit das größte Reich der Welt dar.

- Historiker nennen es eine erste erste Globalisierung, da das Mongolenreich Kulturen unterwarf und verband, die bis dato kaum in Handelsverkehr oder Austausch eingetreten waren. in Karakorum trafen sich Vertreter aller Reiche und Religionen, auch der Papst hatte seinen

Gesandten dort. Es gab Kirchen, Moscheen, Synagogen und buddhistische Tempel. Eine Weltmetropole für hundert Jahre.

Nachdem Dschingis Kahns Enkel Kublai Kahn ganz China unterworfen hatte machte dieser Peking zur Residenz. Als die Chinesen später die Herrschaft der Mongolen abschüttelten, besannen sich diese wieder auf ihre alte Hauptstadt. Im Jahre 1388 wurde sie von den Chinesen schließlich zerstört. Zwar baute man sie wieder auf, aber im sechzehnten Jahrhundert verlor sie endgültig ihre Bedeutung und verfiel, um fürderhin als Steinbruch genutzt zu werden.

- Die antiken Chinesen sollen, so Rudolf Steiner, einen Kalender geführt haben, nach dem es alle achthundert Jahre zu einem Mongolensturm kommen soll, der hundert Jahre andauere.
Demnach wäre einer dieser Angriffe, der erste nach der christlichen Zeitenwende, der Hunnensturm im vierten bis fünften Jahrhundert gewesen. Der zweite der Mongolensturm unter Dschingis Kahn um 1200.
Der dritte Sturm fiele dann in die Zeit von 1950 bis 2050.

- Aber die Mongolen spielen heute keine gewichtige Rolle mehr als Machtfaktor. Und welcher Ethnie die Hunnen angehörten ist letztlich nicht bekannt.

- Der Begriff bezieht sich eigentlich nicht auf Ethnien. *Mongolensturm* steht hier für eine weltumspannende kollektivistische Vereinnahmung. Die Unterwerfung der verschiedenen heterogenen Föderationen, Verbände, Kulturen und Reiche unter einen zentralen Machtblock. Das ist der schwarze Felsen, die ägyptische

Gefangenschaft des Individuums in der Funktion des Kollektivs. Möglicherweise wird auch die von Mao eingeläutete Epoche in China einst dem 800-Jahres-Rhythmus des Kalenders zugerechnet werden.
So wie der Machtblock des Dschingis Kahn von einigen Historikern als ein Akt der Globalisierung eingeordnet wird, steht die Globalisierung, wie sie vom derzeit größten Finanzunternehmen der Welt, dem schwarzen Felsen Blackrock dominiert wird, für eine Zentralisierung der Macht und für den Zwang zur Vereinheitlichung.

- In der Vereinheitlichung verschlingend ist auch das astronomische Bild vom schwarzen Loch. Heißt es nicht sogar Singularität?

- Die Mongolische Kultur war eine Nomadenkultur. Unter dem unendlichen Himmel der Steppe war die Heimat der Mongolen, mit ihren Herden zogen sie von Grasland zu Grasland. Ackerbau und Kultivierung der Landwirtschaft lag ihnen fern.
Vielleicht war ihr Imperium daher nicht von Dauer, Verwaltung und Wirtschaftsleistung konnten sie zwar von den unterworfenen Ländern übernehmen, mit beträchtlichem Erfolg, aber es kam nicht zu eigener Konsolidierung und eigenem Wachstum.

- Auch den Investmentunternehmen wird mitunter attestiert, ein Abweiden zu betreiben und nicht auf Erhalt und Wachstum der Substanz aus zu sein. Eine Vorwurf der besonders die globalen Vermögensverwaltungskonzernen betrifft. So erwarb Blackrock in Freiburg einen Überhang der gesellschaftlichen Anteile an einer Hochhauskolonie, der Auwaldsiedlung. Seitdem, heißt es, wird nichts mehr in den Erhalt der Wohnungen investiert, nur die Mieten

würden abkassiert. Die Häuser verkommen, in absehbarer Zeit werden sie nicht mehr bewohnbar sein. Dann wird Blackrock, so nimmt man an, weiterziehen.
ARD-Dokumentarfilm, Geld regiert die Welt, 2014

- Das Unternehmen stellt freilich nur eine Konsequenz dar, wie sie im Geldgeschäft und in der Börsenstruktur der Investmentgesellschaften vorgegeben ist - Geld als Ware muss zwangsläufig leistungslose Wertsteigerung nach sich ziehen und in der Realität eine Wüste hinterlassen. In der vom früheren SPD-Vorsitzenden Franz Müntefering aufgebrachten Heuschreckendebatte ging es um den Vorwurf der zum Selbstzweck geratenen Geldwirtschaft der kurzfristigen Rendite und des Abschöpfens.
Das ist das Bild von Merkur-Pluto als Auswirkung von Saturn-Pluto.

Karakorum, Widder-Eintritt 1220

- Die Stadt Karakorum, der schwarze Felsen des Dschingis Khan wurde im Jahre 1220 gegründet.

Im Horoskop des Widder-Eintritts dieses Jahres, auf Karakorum erstellt, zeigt sich Saturn-Pluto als Quadrat auf den Achsen von Haus zwei und Haus fünf und als Rückseite Merkur-Sonne auf dem Frühlingspunkt. Geht man das Horoskop im Rhythmus von 49 Jahren pro Haus durch, so wird im Jahre 1988, dem Jahr der Gründung von Blackrock, des schwarzen Felsens an der Wallstreet, nach 768 Jahren der Null-Grad-Widder-Punkt mit der Sonne-Merkur-Konjunktion erreicht - der Punkt des Wechsels.

- Dies nach 768 Jahren, nachdem das Horoskop einmal durchlaufen wurde und nach 15,7 Phasendurchgängen erneut das neunte Haus ausgelöst ist. Der erste Überlauf 179 Jahre nach Gründung der Stadt, steht freilich im Zeichen ihrer Zerstörung und des Endes der mongolischen Vormacht in dieser Region.

Der Aufsichtsratvorsitzende

Der CDU-Politiker Friedrich Merz, geboren am 11. November 1955 in Brilon, war in den Jahren 2016 bis 2020 Aufsichtsratsvorsitzender und Lobbyist des BlackRock-Konzerns. Da ihm, als er sich 2018 um das Amt des Vorsitzenden der CDU bewarb, ein Interessenkonflikt attestiert wurde, beendete er diese Tätigkeit zum Frühjahr 2020.

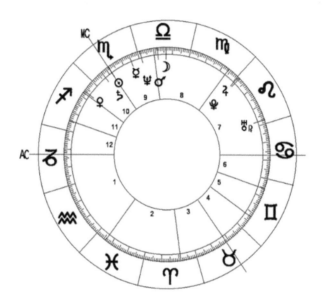

Bei Antritt seines Aufsichtsratsvorsitzes im Jahre 2016 steht in seinem Tageshoroskop mit 61 Jahren unter der Auslösung der Merkur-Saturn-Pluto-Jupiter.-Verbindung.
Zu diesem Zeitpunkt, zwei Jahre vor Phasenende ist der Saturn fällig durch den Spiegel zu Merkur über Zwillinge in Haus vier, im Quadrat zu Pluto-Jupiter in Haus sieben,

in Konjunktion mit der Sonne am MC des Mittagshoroskops, womit auch die Rückseite von Saturn-Pluto angesprochen ist.
Seine Bewerbung um das Amt des Parteivorsitzenden der CDU mit 63 Jahren geschieht damit unter der Auslösung von Sonne-Saturn am MC.

- Merz brachte einst den Begriff der Leitkultur in die politisch Debatte ein.

- Ein Widerspruch in sich, da die Kultur nur ein Gewachsenes sein kann und der Begriff einer Leitkultur dem Ergebnis vorgreift um dieses als Vorstellung zu erzwingen, womit die Kultur ausgeschlossen ist und zum Zeichen einer kollektiven Zugehörigkeit gerät. Dies veranschaulicht durch Jupiter-Pluto. Bei Merz gegeben als Konjunktion im siebten Haus.
Der Weg vom Neptun, über Uranus und Saturn zu Jupiter ist nicht zugelassen und durch die Vorstellung von der Kultur ersetzt.

- Ein Widerspruch auch in der Tätigkeit für einen globalen Investmentkonzern. Da dieser gewachsene Verbände und wirtschaftliche Zellen abzuschöpfen versucht und damit gerade örtliche Kultur zunichte macht.

- Die örtliche Kultur. In Köln ist eine internationale Investmentgruppe dabei, das gesamte alte Wohnviertel um den Eigelstein Stück für Stück aufzukaufen um es mittelfristig in eine einzige Hotelmeile zu verwandeln. Bereits heute ist das oft besungene Viertel von Hotels geprägt.

Keiner will das wirklich, nicht die Stadtverantwortlichen, schon gar nicht die Anwohner, trotzdem geschieht es. Es kommt dabei zu absurden Auswüchsen: Eines der bereits errichteten Hotels zeigt zum Eigelstein hin eine pittoreske Ladenfront. Tatsächlich nur eine Kulisse, damit die Sterilität des allein auf den Messeverkehr ausgerichteten Gebäudes innerhalb der Reihe der noch erhaltenen angestammten Ladenlokale nicht auffällt und die Zerstörung nicht allzu offenbar wird. Schaufenster ohne Eingänge, hinter denen sich im Halbdunkel ein Boutiquen-Arrangement abzeichnet mit Lampenschirmen, Sesseln, orientalischen Vasen und Kunstgegenständen, die nie in die Hand genommen und nie verkauft werden.

- Das wäre dann die verbliebene Leitkultur.

***

Die Qibla
Der Wechsel der Gebetsrichtung

Als ein grundlegendes Datum des Islam gilt nach muslimischem Selbstverständnis die Hidschra, der Auszug des in seiner Heimatstadt Mekka angefeindeten Religionsgründers und seiner Anhänger aus der Stadt sowie seine Ankunft in Medina, sechzehn Tage später, wo ihn Freunde und weitere Anhängerschaft erwarteten.

Mit dem Jahr der Hidschra ist der Beginn der islamischen Zeitrechnung verbunden. Als Tag der Ankunft in Medina gilt der 12. Tag des Monats Rabi an awal, dies ist nach christlicher Zeitrechnung der 24. September 622.

Die Monatszählung des islamischen Kalenders beginnt etwa neun Wochen vorher mit dem ersten Neumond nach der vorausgehenden Sommersonnenwende, der auf den 16. Juli fiel. Er definiert den ersten Tag des Monats Muharam und damit den Beginn des islamischen Kalenders.
Die darauf folgenden Jahre werden jeweils als n. H. - nach Hidschra, bezeichnet.

Im Jahre 8 der Hidschra kehrte der Religionsgründer mit einer Streitmacht zurück und eroberte seine Heimatstadt Mekka, deren Vertreter ihn einst vertrieben hatten, weil er sich gegen den Polytheismus der arabischen Stämme gewandt hatte. Mekka mit der Kaaba bildete das Zentrum der vorislamischen Religion.
Die Kaaba, ein quaderförmiges Gebäude, das neben anderen Kultobjekten den Schwarzen Stein barg, war ein

von den Arabern seit jeher verehrtes Heiligtum, zu dem man alljährlich pilgerte.
Nach der Eroberung Mekkas entfernte Mohamed die polytheistischen Götterbilder aus der Kaaba und beließ nur den Schwarzen Stein. All jene, die weiterhin den alten arabischen Religionen anhingen und sich ihm und seiner neuen Glaubensgemeinschaft nicht anschlossen, wurden aus der Stadt vertrieben. Auch die ansässigen Juden mussten sie verlassen. Wenige Zeit darauf starb Mohamed, nachdem er zuvor noch die Kaaba zum nunmehr zentralen Heiligtum des Islam und zum allgemeinen Pilgerziel der Muslime erklärt hatte.

Die neue Zeitrechnung mit dem Beginn der Zählung im Jahr der Hidschra war jedoch nicht von Mohammed selber eingeführt worden, sondern wurde erst einige Jahre nach seinem Tod von Kalif Omar installiert.
Der Religionsgründer hatte lediglich im Jahre 10 n. H. den reinen Mondkalender zum verbindlichen Kalendersystem der Muslime erklärt.
Er ersetzte den altarabischen Kalender, eine an das Sonnenjahr gebundene Zählung der Mondzyklen, der, wie andere lunisolare Kalender der Region, so der jüdische Kalender, auf die Babylonier zurückging. Im Jahre 632 führte er eine ausschließlich an den Mondzyklus gebundene Zählung ein.

Dies hatte zur Folge, dass die Monate und Feste des neuen Kalenders künftig innerhalb von 33 Jahren einmal durch alle Jahreszeiten wanderten.

Die Beweggründe Mohammeds werden von einigen gerne politisch interpretiert. Er war mit seinem prophetischen Anliegen beim mekkanischen Establishment auf Widerstand gestoßen und schließlich vertrieben worden. Diese Oberschicht Mekkas war zuständig für die Regelung der Schaltmonate des lunisolaren Kalenders.

Im Unterschied zum durchlaufenden jüdischen Lunisolarkalender, der schon seit der Antike ein festes System von Schaltmonaten enthält, um das Sonnenjahr und die Zählung der Mondrunden in Übereinstimmung zu bringen, und der daher keiner zusätzlichen Regelung bedurfte, oblag die alljährliche Verwaltung des damaligen arabischen Kalenders von Mekka einer Sippe, die eigens damit betraut war, Schalttage und Schaltmonate einzusetzen, um Mondzyklen und Sonnenjahr anzupassen, so, dass der Beginn des Mondjahres mit dem Frühlingsanfang begann und die jeweils 12 oder 13 Monate in die entsprechenden Jahreszeiten fielen.

Als Mohammed Jahre nach seiner Vertreibung aus Mekka mit einer Streitmacht zurückkehrte und die Stadt eroberte, war die mit der Kalenderverwaltung verbundene alte Autorität der mekkanischen Oberschicht dahin; mit der Abschaffung des alten Kalendersystems war ihre Entmachtung besiegelt.

Jedoch dürfte das politische Motiv des von Mohammed eingeführten Verzichts auf die Schaltregelungen zweitrangig gewesen sein: Für ihn war, gemäß Koranvers 9:37, die Einsetzung von Schaltzeiten ein unzulässiger menschengemachter Eingriff in eine von Gott gegebene Ordnung. Diese bestand für ihn in einer reinen Mondrundenfolge.

Ohne Rücksicht auf Jahreszeiten sollten von nun an nur noch die Mondläufe kontinuierlich gezählt werden.

Ein in der Kulturgeschichte einmaliger Vorgang, denn es entstand ein Kalender, der für die Landwirtschaft und alle anderen auf die Jahreszeiten angewiesenen Tätigkeitszyklen unbrauchbar war.
Ein Kalender, der kaum mehr einen Zusammenhang mit dem irdischen Dasein hatte, der sich gleichsam nicht mehr auf den Menschen in der Zeit und auf der Erde bezog und dessen wiederkehrender Rhythmus nicht ein Jahr, sondern 33 Jahre betrug.

Mohammeds Kalenderregelung ging zunächst nicht über die Abschaffung der Schaltmonate hinaus, sie bestand gleichsam nur in deren Ablehnung.
Erst zehn Jahre nach seinem Tod brachte Kalif Omar die Anweisung Mohammeds in ein System und schuf damit den für die Muslime bis heute gültigen islamischen Kalender. Die altarabischen Monatsnamen wurden dabei übernommen, jedoch entsprachen sie künftig nicht mehr den angestammten Jahreszeiten, sondern wanderten im 33-Jahres-Rhythmus einmal durch das Sonnenjahr.

Da die betreffenden islamischen Datumsangaben auf der 632 eingeführten neuen Zählung basieren, wurden sie damit nachträglich einem Kalendersystem zugeordnet, das zu ihrer Zeit noch nicht bestand, das aber irritierenderweise dieselben Monatsnamen verwendete wie der altarabische Kalender. Es stellt sich daher die Frage, ob die mit der Kalenderänderung befassten islamischen Gelehrten die altarabischen Datumsangaben auf das System des neuen Mondkalenders umgerechnet haben oder ob sie die traditionellen Angaben schlicht übernommen haben.

Auf diese Weise kommen zwei unterschiedliche kalendarische Zählungen der Ereignisse von Beginn der Hidschra bis zur Kalenderänderung zustande.
beide Zählungen dargestellt in der englischen Wikipedia zur *Hegira*

Der einen Zählung zufolge war die Ankunft in Medina am 24. September 622, der anderen Version nach soll Mohammed die Stadt am 2. Juli erreicht haben.*

Aus astrologischer Sicht dürfte der 24. September das zutreffende Datum sein, da das Erreichen des Kardinalpunktes von 0° Waage mit dem Jahreszeitenwechsel der Herbst-Tag-und-Nacht-Gleiche einem Neuanfang und der Anerkennung entspricht, welche dem Religionsgründer nunmehr zuteil wurde: Er kam hier in eine völlig neue Situation, die Entstehung seiner Anhängerschaft als künftiger Machtfaktor stimmt mit diesem Datum überein.

Ähnlich wie der Auszug der Hebräer aus Ägypten, der an den Iden, also am Vollmond, des ersten lunisolaren Monats im Frühling stattfand, am 14. Awiw, der später babylonisch Nissan genannt wurde, soll die Ankunft Mohammeds und seiner Anhänger in Medina in der Mitte und damit an den Iden des Monats erfolgt sein. Hier allerdings im Herbst.

Und ähnlich wie bei den Hebräern der Auszug aus der Ägyptischen Gefangenschaft zu einer Identitätsbildung als Volk wurde, erscheint auch die Hidschra und die mit ihr verbundene Absetzung von den polytheistischen Religionen der umliegenden arabischen Stämme mit der Bildung der neuen Gemeinschaft der Anhänger Mohammeds verbunden.

Das ist der Grund, warum die islamische Zeitrechnung mit der Auswanderung aus Mekka beginnt.

Allein dürfte die Hidschra für Mohamed noch nicht als Gründung einer neuen Religion und einer damit verbundenen neuen Zeitrechnung gegolten haben. Tatsächlich verstand sich der Islamgründer zu dieser Zeit weniger als solcher, denn als ein Prophet des Judentums wie auch des Christentums mit entsprechender Zuständigkeit.
So war es ihm und seinen Anhängern zunächst selbstverständlich, sich beim Gebet nach Jerusalem zu wenden. Dies änderte sich erst, als die jüdischen Stämme von Yatrib, dem späteren Medina, seinen Anspruch zurückwiesen. Es gab beredte Spötter auf Seiten der Juden: Seine Glaubensgemeinschaft sei eine Nachahmung, erklärten sie. Den Angaben muslimischer Hagiographen zufolge, ließ er die jüdische Poetin Asma bint Marwan töten, die ein Spottgedicht auf ihn verfasst hatte. Anderen Verfassern soll es ähnlich ergangen sein.

Eine Offenbarung, die der Religionsgründer nach der Ablehnung durch die Juden empfangen haben soll, enthält die Anweisung, sich künftig beim Gebet nicht mehr Richtung Jerusalem zu wenden, sondern sich künftig an der Kaaba in Mekka zu orientieren, dem alten Heiligtum der arabischen Stämme, das er später zum Heiligtum des Islam erklären wird.

Auf diese Weise war zwar die Absetzung von den polytheistischen Religionen und die damit verbundene Flucht aus Mekka ein entscheidender Schritt in der Entwicklung des Islam, aber erst mit der Abgrenzung gegenüber Judentum und Christentum in Form des

Wechsels der Gebetsrichtung, mit der fortan die Kaaba in Mekka zum Ort der Hinwendung erklärt wurde, geschah die eigentliche Identitätsbildung der musliischen Glaubensgemeinschaft, die ansonsten vielleicht nur eine weitere innerhalb der jüdischen oder christlichen Konfessionen geblieben wäre.

In diesem Sinne stellt der Wechsel der Gebetsrichtung die eigentliche Geburt des Islam dar.

Der Wechsel der Gebetsrichtung, der Quibla, soll stattgefunden haben im siebzehnten Monat nach der Ankunft in Medina. Die meisten Quellen datieren das Ereignis auf die Mitte des Monats Radschab im zweiten Jahre nach der Hidschra.

Die Mitte des Monats kann freilich nicht als genaue Zeitangabe gelten. Man geht allgemein von den Tagen um den 15. Radschab im Jahre 2 n.H. aus. Da die islamische Monatszählung mit dem Neumond beginnt, sind mit der Angabe Mitte des Monats aller Wahrscheinlichkeit nach wiederum die Iden gemeint, die Tage um Vollmond. Dieser fand im Januar 624 am 14. Januar statt. Das entspricht dem 17. Radschab und damit dem siebzehnten Tag des siebzehnten Monats n. H. Eine ähnliche Betonung der Siebzehn, wie sie auch in der Bibel des öfteren in Verbindung mit einem neuen Anfang auftaucht.

siehe: *Von den hundertdreiundfünfzig Fischen*

Im Unterschied zu etlichen anderen in den Schriften vorkommenden Datierungen werden beim Wechsel der Gebetsrichtung Angaben zur Tageszeit gemacht. Der Konsens geht davon aus, der Religionsgründer habe die später als Sure 2. 144** bezeichneten Sentenzen beim

Mittagsgebet erhalten: Er möge sich von nun an mit dem Gesicht in Richtung Mekka wenden. Und wo immer Muslime seien, da sollen sie mit dem Gesicht in diese Richtung beten.

Die Zeit des islamischen Mittagsgebets - *Dhuhur*, richtet sich stets nach dem astronomischen wahren Mittag, also dem Höchststand der Sonne. Das Gebet soll beginnen, unmittelbar nachdem die Sonne den Zenit überschritten hat. Dann, wenn bei einem senkrecht in die Erde gestoßenen Stab der mittägliche Schatten sich wieder streckt. Von Seiten der islamischen Astrologen wird die Regel formuliert: Nachdem die Sonne eine drittel bis eine halbe Bogenminute das Medium Coeli überschritten hat.

Es zeigt sich, dass das Mittagshoroskop des 14. Januar 624 mit der Sonne auf 24 Grad Steinbock am MC und dem Stier am Aufgang dem Inhalt des Ereignisses entspricht - das Datum des Wechsels der Gebetsrichtung im Islam, mit dem die Verehrung der Kaaba und des darin befindlichen Schwarzen Steins zur konfessionellen Regel wurde.

Das Horoskop kann als eines der wesentlichen Entstehungshoroskope des Islam betrachtet werden. Während mit der Auswanderung aus Mekka die Separation vom polytheistischen arabischen Umfeld stattfand, kam es erst hier, mit dem Wechsel der Gebetsrichtung, im Selbstverständnis des Religionsgründers zu einer endgültigen Absetzung vom Judentum und damit auch vom Christentum. Mit der Hinwendung zur Kaaba wurde in diesem Sinne gleichsam ein eigenes religiöses Zentrum eingesetzt.

*Die Angaben des zurückgerechneten islamischen Kalenders für die Zeit der Hidschra unterscheiden sich um drei Monate vom damals gültigen lunisolaren altarabischen Kalender. Der Monat Rabi an awal, auf dessen 12. Tag die Ankunft in Medina fällt, ist nach dem altarabischem System der dritte Monat nach Frühlingsanfang. Im Jahre 622, mit einem Jahresbeginn, bzw. 1. Muharam am 19. April, ist dies die Mondphase vom Juni bis zum Juli. Insofern wäre nach altarabischer Zählung die Ankunft am 2. Juli gewesen. Der Wechsel der Gebetsrichtung, siebzehn Monate später, fiele dann auf den 14. Oktober 623. Dies entspricht weitgehend dem geschichtswissenschaftlichen Konsens. Eine detaillierte Darstellung dieser Berechnung hier: http://www.nabkal.de/hidschra.html

Die Datumsangaben der islamischen Tradition gehen hingegen von einem 1. Muharam am 16. Juni aus und damit vom 24. September 622 als Ankunftstag. Und dementsprechend von einem Gebetsrichtungswechsel im Januar 624. Die astrologische Zuordnung der Daten spricht in beiden Fällen für die Richtigkeit der Angaben der islamischen Tradition

** Sure 2:144 'Wir sehen, dass du unschlüssig bist, wohin am Himmel du dich (beim Gebet) mit dem Gesicht wenden sollst.Darum wollen wir dich (jetzt) in eine Gebetrichtung weisen, mit der du gern einverstanden sein wirst: Wende dein Gesicht in Richtung der heiligen Kultstätte (in Mekka)!'

Die Insel
Eurotunnel und Brexit

Zum ersten Male seit der Eiszeit sei es wieder möglich, trockenen Fußes vom Festland aus nach England zu gelangen, titelten die Zeitungen am Tage des Durchstichs.

Drei Jahre zuvor hatten Frankreich und England mit den Grabungen zum Eurotunnel begonnen, der beide Länder verbinden sollte.
Vierzig Meter unter dem Meeresboden wurden die Bohrungen vorangetrieben, jeweils von Dover und von Calais aus.

Am 1. Dezember 1990 um 12:12 Uhr kam es zum Zusammentreffen der beiden Tunnel.
Dies geschah etwa 15,5 Kilometer von der französischen und 22,5 Kilometer von der englischen Küste entfernt. Die letzte Wand wurde durchstochen. Vor der Presse reichte man sich die Hand durch das entstandene Loch. Dann wurde es vergrößert, bis ein Mann von der britischen Seite zur französischen hindurchgezogen werden konnte.

Die Einweihung durch den französischen Präsidenten und die englische Königin fand am 6. Mai 1994 statt und ein paar Monate später fuhren die ersten Züge durch den Tunnel.
Das ausschlagebende Datum des Tunnelbaus dürfte jedoch der Tag des Durchstichs sein, geht man von den Hervorhebungen etlicher Medien aus, seit der Eiszeit habe

es bis zum heutigen Tage keine begehbare Verbindung zwischen der Insel und dem Kontinent mehr gegeben.

Den Plan, einen Tunnel durch den Ärmelkanal zu bauen, hatte man bereits zur Zeit Napoleons gefasst. Immer wieder hatte es Ansätze gegeben, ihn zu realisieren. Alle waren erfolglos geblieben. Stets waren die Pläne von britischer Seite auch mit einem Unbehagen kommentiert worden, das sich in Ängsten vor einer Invasion und Überlagerung äußerte.

Auch als man 1987 mit dem Bau des Eurotunnels begann, waren Stimmen zu vernehmen, die von einem *Verlust der Inselseele Britaniens* sprachen.
Die fundamentale Verunsicherung des britischen Selbstverständnisses und der britischen Reviersouveränität mag mit einer Verletzung des Gewordenen zusammenhängen. Das Meer, das Britanien einst ermöglicht hatte, zur Weltmacht aufzusteigen, wurde mit dem Eurotunnel entmachtet. Die Britische Insel ist nun keine Insel mehr.

Durch den Eurotunnel werden seitdem jährlich etwa 20 Millionen Passagiere zwischen England und Festland befördert und die einstmals in den Medien geäußerten Bedenken, ohnehin von eher lyrischer Art, sind verschwunden. Der Tunnel scheint zur europäischen Normalität geworden zu sein.

Jedoch erweist sich die Unsicherheit als nur verdrängt, äußert sie sich doch auf andere Weise - in der Angst vor wirtschaftlicher Überlagerung und Fremdbestimmung die in der Brexit-Bewegung zum Ausdruck kommt. Es lässt sich die verletzte Inselseele als das eigentliche Motiv des britischen Austritts aus der Verflechtung mit der Europäischen Union vermuten.

Ähnlich der Angst vor dem menschengemachten Klimawandel wird hier eine tatsächliche Bedrohung und Verletzung auf eine andere Ebene projiziert.

Durchstich des Eurotunnels, 1.Dezember 1990, 12:12 Uhr, Ärmelkanal

Beim Horoskop des Durchstichs fällt, ungeachtet seiner Struktur und Deutung, unmittelbar der Saturn ins Auge, der nach 29 Jahren dem Stand vom Dezember 2019 entspricht

Saturn vollendet nach nahezu dreißig Jahren seine erste Runde und erreicht am 31. Dezember 2019 den Stand von damals.
Dies entspricht dem Geschehen, indem der immer wieder aufgeschobene, nach letztmaliger Parlamentsentscheidung endgültig für den 31. Januar 2020 vorgesehene Austritt Englands aus der EU verbindlich wurde. Der Tunnel erhält eine Grenze. Zugleich kommt es 31 Jahre nach dem Ereignis mit der Aszendenten-Bewegung Ein-Grad-Ein-Jahr über Null Grad Steinbock zu einer kardinalen Saturn-Auslösung.

Mit der Sonne im zehnten Haus im Zeichen Schütze und dessen Vertreter Jupiter in Haus sieben soll eine Zusammenfügung dem öffentlichen Bewußtsein präsentiert werden. Verwirklicht wird diese über Pluto im Skorpion in Haus neun, der, im Quadrat zum Jupiter auf eine falsche Fügung und eine erzwungene Vereinheitlichung schließen lässt. Dies wird zudem bezeugt durch das MC auf 2 Grad Schütze, der nach der Münchner Rhythmenlehre die Charakteristik von Merkur-Pluto enthält, dem Funktionszwang.

Das Ergebnis mit einer Venus in Haus zehn im Spiegel zum Neptun stellt die Revierauflösung dar, die Verunsicherung der britischen Inselseele. Der Ort dieses Vorgangs ist, wie Uranus-Neptun als Herrscher von Haus eins im Steinbock in Haus zwölf angeben, im Felsen unter dem Meer.
Wobei der Neptun für die ins zwölfte Haus verdrängte Wirklichkeit einer Insel steht, die fortan keine Insel mehr sein kann.

Die Zeitangabe für den Durchstich mit 12:12 Uhr dürfte stimmen. Weitere acht Minuten, bis das IC den Mars erreicht, hätte es dann gedauert, das Loch soweit zu vergrößern, dass ein Mann durchpasste und der britische Tunnelbauer, laut Zeitungsberichten, von seinen französischen Kollegen durch die Öffnung gezogen werden konnte. Mit Mars am IC einem Geburtsvorgang ähnlich.

Der Brexit-Antrag der britischen Regierung erfolgte im Juni 2016, mithin 25, 5 Jahre nach dem Durchstich. Im Horoskop des Ereignisses wird damit im Siebener-Rhythmus 4, 5 Jahre nach dem Überschreiten des MC der Pluto in Haus neun überlaufen, der die Angst der Briten vor der Überlagerung und das Unbehagen über die mit der EU verbundenen Zwänge akut werden lässt.

Die Jupiter-Pluto-Verbindung enthält nach der Münchner Rhythmenlehre die Lücke von Uranus und Saturn. Sie zeigt damit eine Unvereinbarkeit an, die durch eine erzwungene Vereinheitlichung überbrückt oder, wie in diesem Fall, untertunnelt wird.

Der Ausstieg aus der EU wird die Verunsicherung nicht lösen.

***

Herkunft

Als Kandidatin zur US-amerikanischen Präsidentschaftswahl war die Senatorin von Massachusetts angetreten, den amtierenden Präsidenten Donald Trump im November des Jahres 2020 abzulösen. Elizabeth Warren, die der Demokratischen Partei angehört, wurde seid ihrer Bewerbung von vielen als Hoffnungsträgerin und als intellektuelles Gegengewicht zur der twitter-Rhetorik Donald Trumps gesehen.
Mit einem Sonnenstand von 1 Grad Krebs, auf der Smmersonnenwende nahe dem Kardinalpunkt, verbinden sich mit ihr Hoffnungen auf einen Wechsel. Im März 2020 mußte Warren ihre Kandidatur jedoch wegen schlechter Wahlergebnisse aufgeben.

Auf ihre Bewerbung war ein, von ihren politischen Gegnern weidlich ausgenutzter und öffentlich zur Sprache gebrachter Makel gefallen. Im Laufe ihrer politischen Karriere hatte sie mehrfach verlauten lassen, teils indianischer Herkunft zu sein. Ihre Mutter, so habe es in ihrer Kindheit geheißen, stamme von indianischen Vorfahren ab, die Familie ihres Vaters habe dies aber nicht gerne gehört. Sie habe gewusst, dass es der Familie ihres Vaters missfiel, dass ihre Mutter teils Cherokee und teils Delaware war; deshalb, so Warren, mussten meine Eltern durchbrennen.

Seitens ihrer Widersacher wurde der Wahrheitsgehalt der Auskunft in Zweifel gezogen. Man warf ihr vor, sich durch diese Behauptung einen Vorteil im Sinne eines Minderheitenstatus verschafft zu haben oder sich im künftigen Präsidentschaftswahlkampf ein herausgehobenes biographisches Profil geben zu wollen.

Warren erwiderte, sie habe eine Minderheitenangehörigkeit nie zum Thema gemacht oder in Anspruch genommen, die indianische Abkunft ihrer Mutter sei aber schlicht ein Teil ihrer Biographie.

Der möglicherweise einst unbedachte Hinweis wuchs sich zum Politikum aus. Im Zuge der öffentlichen Auseinandersetzung ließ Warren schließlich einen Gen-Test durchführen, um die indianische Herkunft wissenschaftlich beweisen zu können. Das Ergebnis fiel nicht zu ihren Gunsten aus, der genetische Anteil indianischer Vorfahren soll bei Warren nicht über dem Durchschnitt der US-amerikanischen Bevölkerung liegen. Sie habe sich mit diesem Test keinen Gefallen getan, schrieben selbst die ihr freundlich zugetanen Medien. Donald Trump nannte sie spöttisch Pocahontas.

Nachdem sich die Verbände der Ureinwohner schon zuvor kritisch zu Warrens Thematisierung ihrer indianischen Herkunft geäußert hatten, kam es nach dem Gen-Test zu einer öffentlichen Empörung der Indianer-Organisationen. Die Herkunftszugehörigkeit zu den Indianervölkern sei eine gewachsene und nicht über Gen-Tests definierbar, lautete der Vorwurf. Elizabeth Warren würde sich eine Herkunftsidentität aneignen, die ihr nicht zustehe.

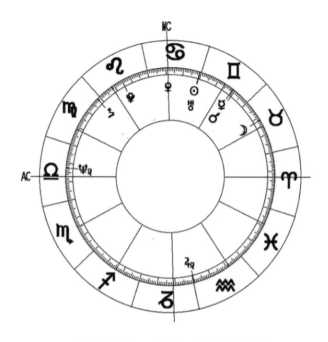

Elizabeth Warren, Oklahoma City, 22.06.1949

Das Thema der übernommenen Identität im Sinne des geraubten Schicksals findet sich im Horoskop von Elizabeth Warren an kardinaler Stelle.

Sonne und Uranus stehen in Konjunktion nahe dem Kardinalpunkt auf 1 Grad Krebs, einen kardinalen Bezug anzeigend.
Der nicht zugelassene eigene Ursprung im Zeichen der Sonne-Uranus-Konstellation und die damit verbundene Aneignung eines fremden Ursprungs beziehen sich hier auf den seelischen Anfang, auf die Niederkunft des

Seelischen generell. Der Schicksalsraub ist damit exemplarisch für eine Kultur.

Mit Mond im Stier in Haus Acht, enthält die Sonne-Uranus-Verbindung im Krebs das Thema der Beheimatung in einer Volkszugehörigkeit, die zur Ideologie wird.

Anders bei Angela Merkel. Auch diese hat eine Sonne-Uranus-Konjunktion im Krebs, siehe *Die Rhetorik des Sachzwangs*, jedoch auf dem Nestbaupunkt von 24 Grad Krebs. Hier soll der Ursprung der Beziehung zur gewachsenen Örtlichkeit im Sinne der Heimat aufgehoben werden, ihr Satz über *die, die schon länger hier leben*, als Synonym für die deutsche Bevölkerung ist hierzu kennzeichnend.

Bei Elizabeth Warren kommt die bereits etablierte Ursprungslosigkeit der einstigen Verdrängung der amerikanischen Urbevölkerung zum Ausdruck. Sie ist der Ausgangszustand.
Die Übernahme der Identität ist hier die Suche nach Heimat und zugleich der Versuch, Ureinwohnerschaft als Zeichen einer Ursprünglichkeit geltend zu machen.

Wenn amerikanische Footballteams sich indianisch klingende Namen geben oder wenn Fallschirmspringer der US-Armee beim Absprung Geronimo, den Namen des berühmten Apachenführers rufen, so ist dies ein Symptom dieser Neigung.

Auch die Geschichte des Staates, in dem Elizabeth Warren geboren wurde gibt den Inhalt der Sonne-Uranus-Konjunktion auf dem Kardinalpunkt 1 Grad Krebs wieder: Das Gebiet von Oklahoma war im Jahre 1834 den Indianern als Rückzugsgebiet versprochen worden, es wurde zum unwiderruflichen Indianer-Territorium erklärt. Eine Besiedelung durch Weiße wurde per Gesetz verboten.

Es kam jedoch durch die amerikanischen Einwanderer permanent zu Grenzverletzungen und Übergriffen. Dies führt dazu, dass die Regierung schließlich dem Druck nachgab, das Indianer-Territorium aufhob und das gesamte Land der Besiedlung durch Weiße preisgab.
Der *Oklahoma-Land-Run* von 1889 war eine staatlich organisierte Landnahme, die gleich einem Wettrennen startete. Als man zu Beginn des 20. Jahrhunderts Öl in Oklahoma fand, war es mit dem Rückzugsgebiet für die Indianer endgültig vorbei.

In Warrens Horoskop wird mit dem Zeitpunkt des Oklahoma-Land-Runs 60 Jahre vor ihrer Geburt in der Bewegung im Uhrzeigersinn in Haus Neun die Sonne-Uranus-Konjunktion überlaufen. Es stellt sich die Frage, von welcher Seite hier der Raub angezeigt ist - von der der landnehmenden Siedler oder von der Seite der enteigneten Indianer.

***

Buchbestellung über www.bod.de/buchshop/
sowie im örtlichen Buchhandel oder online
oder via email: herbertantoniusweiler@gmail.com

Der Alte des Meeres
Sindbads fünfte Reise

Essays und Betrachtungen

Paperback, 228 Seiten 22,00 €
ISBN-13: 9783755780328

- Er trifft auf den Alten des Meeres. Dies ist der Name eines Greises. Sindbad findet ihn hockend an einem Bachlauf, wo der Alte ihn bittet, hinübergetragen zu werden. Anschließend zwingt er Sindbad auf qualvolle Weise ihm als Träger dienstbar zu sein.
- Diese Erzählung stellt in gewisser Weise eine Umkehrung der Geschichte des Heiligen Christophorus dar ...

Inhalt:
Der Alte des Meeres Christophorus Sindbad Der Vogel Roch Eraserhead Ukraina-Grenzland Der Vertrag von Perejaslav Bloodlands Parasit verlängert Leben Der Fisch geht an Land impfaktion im Kölner Dom Katze rettet Säugling Petermanns Ausbruch Drache und Widder Die Ermordung des Claudius Hitlers Scheitel Der Buchfink Der Raum der Technik Aletheia Joseph Beuys und der Lockdown Das Schwinden der Begriffe Der Jäger

Die Vögel und die Farben

Essays und Betrachtungen

Paperback, 192 Seiten, 20,00 €
ISBN: 9783750469679

Eine Betrachtung des Wesens der Farben, etwa ihrer Neigung, sich zu gruppieren, mit Blick auf die Fragwürdigkeit der von Immanuel Kant ausgehenden naturwissenschaftlichen Definition der Farbe als elektromagnetische Wellenlänge und der zugrundeliegenden Erkenntnislehre

INHALT:
Die Vögel und die Farben / Hannah Arendt und Theodor Adorno / Mindfulness - Achtsamkeit / Das Welken der Eschen / Cordyceps / Apple Inc. / Die Schwüle / Schulzwang / Trump und Dürer / Der Nibelungenhort und die Stadt Leverkusen / Sprache und Gegenüber / Wohl zu der halben Nacht / Schabachthani / Der Elfte im Elften/ Papst Franziskus und das Vaterunser - Das Vaterunser auf Hebräisch / Die Rehabilitierung der Templer / / Dem Volk aufs Maul geschaut / Der Mönch von Heisterbach und der Murmeltier-Tag

Warum Moses das versprochene Land nicht betreten durfte

Essays und Betrachtungen
Paperback, 236 Seiten, 18,00 Euro

ISBN-13: 978-3-7431-9642-1

Inhalt:

Warum Moses das versprochene Land nicht betreten durfte /
Perspektive /
Galileos Fernrohr /
Kategorischer Imperativ und Todesstrafe /
Die Gegenwart der Dinge /
Grenzland und Hexen /
Kamocha und Kategorischer Imperativ /
Iteration und Descartes Existenzbeweis /
Identität und Homöopathie /
Sinn & Machen /
Mila - Mythos, Logos /
Sie sollen sein wie die Fische /
Zur wissenschaftlichen Bescheidenheitsformel /
Die Iden des März /
Spiegelung /
Wie die Universalien zur Massenfertigung wurden

Wie der Nibelungenhort zum Bayerkonzern wurde
Essays und Betrachtungen

Paperback, 224 Seiten, 20, 00 Euro
ISBN-13: 9783746006949

Der Name der Nibelungen verweist auf ihre Herkunft aus dem Nebel. Bei Nebel haben sich die Grenzen der Elemente aufgelöst. Wasser und Luft sind nicht getrennt. Eine Teilung ist verwischt oder nicht vollzogen. Auch beim Schatz der Nibelungen geht es darum, dass zwei Brüder ihn nicht zu teilen vermögen.
Was hat es mit der Teilung des Schatzes auf sich, die weder den beiden Söhnen noch Siegfried gelingt?
Warum war der Schatz, obschon als konkrete, zählbare Menge angegeben, nicht aufzuteilen?
Der Nibelungenschatz befindet sich in einem Berg, er gehört dem Unsichtbaren an. Zugleich deutet der Umstand, dass die beiden Brüder ihn nicht zu teilen vermochten und Siegfried auch nicht, auf ein Geheimnis immaterieller Art hin, für das der Schatz steht oder das mit ihm verbunden ist.
Wie der Bayer-Konzern und sein Standort in Leverkusen mit dieser Thematik verknüpft ist, ist Gegenstand dieser Betrachtung.

Wie der Nibelungenhort zum Bayer-Konzern wurde /
Der Einsturz des Kölner Stadtarchivs / „Zeitnah" /
Zur Helmpflicht / Karosserie und Verhüllung /
Metapherologien / Der freie Wille und das Libet-Experiment /
Erasmus, Luther und die Wahlfreiheit /
Die Vor-Ort-Befindlichkeit / Das Schehen / Der Korea-Konflikt
und die erste Atomexplosion / US-Verfassung, Trump und Locke /
Bob Dylan und der Nobelpreis

Sterndeuter aus dem Osten
Essays und astrologische Betrachtungen

Paperback, 243 Seiten, 18,00 Euro

ISBN-13: 978-3-7448-3503-9

Sterndeuter aus dem Osten /
Leviathan /
Gaswolke aus dem Nyos-See -
Rache eines verstorbenen Königs /
Urknall /
Person - pharsufo /
Gottesname - Gottesbezeichnung, Singular – Plural /
Der Sch-Laut /
Zahlen und formalisierte Zahlenwerte /
Martin Buber und Theodor Herzl /
Neuroparasiten /
LSD und Internet /
Das ARPA-Net /
Andy Warhol - eine Geburtszeitberichtigung /
Eine Ausstellungseröffnung /
Die Erfindung der Methodologie -
zur kirchlichen Rehabilitierung Galileis /
VWs Abgasbetrug /
4711 - Echt Kölnisch Wasser /
Parallelzeichen /
Die kupferne Schlange /
Palmsonntag und die Bremer Stadtmusikanten

Von den Hundertdreiundfünfzig Fischen

Identität und Ereignis im Bild einer Zahl
Von einer verborgenen Beziehung zwischen der Schrift des Johannes und den drei anderen Evangelien

Paperback, 96 Seiten, 12,00 Euro
ISBN 978-3-7386-0560-0

Die Schrift geht der Bedeutung einer Zahl im Text des Johannes nach. Der Zahl der 153 Fische beim nächtlichen Fischzug auf dem See von Tiberias. Im Verlauf ergibt sich anhand der hebräischen Etymologie ein bislang unbekannter und bisher nicht angesprochener Bezug der Erwähnung dieser Zahl zu der Geschichte von Kamel und Nadelöhr in den anderen drei Evangelien. Und damit zu der Thematik von Identität und Eigentum. Die Zahl weist hin auf die Individuation des Menschen.

english edition:

Of the Hundred and fifty-three fish

The book traces the meaning of a number in the text of John. The number of 153 fish at the nightly catch of fish on the lake of Tiberias. In the course, based on the Hebrew etymology a previously unknown relation to the mention of this number opens up to the story of the camel and the eye of the needle in the other three Gospels.
And thus to the topic of identity and property. The number points to the individuation of man.

Paperback , 96 pages, 14,00 Euro   ISBN 9783752850093

Why Moses was not allowed to enter the promised land
Essays and considerations
Why was it destined to Moses to see the promised land after the forty-year desert migration, but not to enter it?
15 essays and considerations

Paperback, 208 pages, 18,00 Euro, ISBN-13: 9783748191735

Order with *www.bod.de*
Order also at the local book trade or via online book trade or via email:
herbertantoniusweiler@gmail.com
shipping costs plus